北大版对外汉语教材·基础教程系列

风光汉语

中级口语 II

丛书主编　齐沪扬
丛书副主编　张新明　吴　颖
主　　编　金英实
编　　者　金英实　许凯凯　张　婉　解亚娜

图书在版编目(CIP)数据

风光汉语.中级口语.2/金英实主编.—北京:北京大学出版社,2014.8
(北大版对外汉语教材·基础教程系列)
ISBN 978-7-301-24505-7

Ⅰ.①风… Ⅱ.①金… Ⅲ.①汉语—口语—对外汉语教学—教材 Ⅳ.①H195.4

中国版本图书馆CIP数据核字(2014)第157693号

书　　　名:	风光汉语——中级口语Ⅱ
著作责任者:	金英实　主编
责 任 编 辑:	刘　正
标 准 书 号:	ISBN 978-7-301-24505-7/H·3551
出 版 发 行:	北京大学出版社
地　　　址:	北京市海淀区成府路205号　100871
网　　　址:	http://www.pup.cn　新浪官方微博:@北京大学出版社
电 子 信 箱:	zpup@pup.pku.edu.cn
电　　　话:	邮购部 62752015　发行部 62750672　编辑部 62753334　出版部 62754962
印 刷 者:	三河市博文印刷有限公司
经 销 者:	新华书店
	787毫米×1092毫米　16开本　11.25印张　197千字
	2014年8月第1版　2014年8月第1次印刷
定　　　价:	35.00元(含MP3光盘1张)

未经许可,不得以任何方式复制或抄袭本书之部分或全部内容。
版权所有,侵权必究
举报电话:010-62752024　电子信箱:fd@pup.pku.edu.cn

前　言

随着社会经济的发展，旅游日益成为人们生活中密不可分的重要部分。世界各地和中国都有着丰富的旅游资源，来中国旅游的外国游客数量逐年递增，中国公民的境外游人数也以惊人的速度上升。据世界旅游组织预测，到2020年，中国将成为世界上第一大旅游目的地国和第四大客源输出国。这种不断发展的新态势，促使日益兴旺的对外汉语教学事业需要朝着多元化的方向发展：不仅要满足更多的外国人学习汉语的需要，而且还要培养出精通汉语，知晓中国文化，并能够用汉语从事旅游业工作的专门人才。大型对外汉语系列教材《风光汉语》，正是为顺应这一新态势而编写的。

上海师范大学对外汉语学院设有HSK(旅游)研发办公室。作为国家级重点项目"汉语水平考试(旅游)"的研发单位，依靠学院自身强大的学科优势与科研力量，经过详尽的调查分析与严密的科学论证，制定出"HSK[旅游]功能大纲"和"HSK[旅游]常用词语表"，为编写《风光汉语》奠定了重要的基础。而学院四十多年的对外汉语教育历史和丰富的教学经验，以及众多专家教授的理论指导和精心策划，更是这套教材得以遵循语言学习规律，体现科学性和适用性的根本保证。

上海师范大学对外汉语学院2005年申报成功上海市重点学科"对外汉语"。在重点学科的建设过程中，我们深刻地认识到教材的编写与科学研究的支撑是分不开的。HSK(旅游)的研发为教材的编写提供了许多帮助，可以这么说，这套教材就是HSK(旅游)科研成果的转化形式。我们将这套教材列为重点学科中的科研项目，在编写过程中给予经费上的资助，从而使教材能够在规定的期限内得以完成。

从教材的规模上说,《风光汉语》是一套体系完整的对外汉语教材,共分26册。从教材的特点上说,主要体现在以下几个方面:

一、系统性

在纵向系列上,共分为六个等级:初级Ⅰ、初级Ⅱ;中级Ⅰ、中级Ⅱ;高级Ⅰ、高级Ⅱ。各等级在话题内容、语言范围和言语技能的编排顺序上,是螺旋式循序渐进的。

在横向系列上,各等级均配有相互协调的听、说、读、写等教材,在中、高级阶段,还配有中国社会生活、中国文化等教材。

因此,这套教材既可用作学历制教育本科生的主干教材,也适用于不同汉语学习层次的长期语言生。

二、功能性

教材以"情景—功能—结构—文化"作为编写原则,课文的编排体例以功能带结构,并注重词汇、语法、功能项目由浅入深的有序渐进。

此外,在着重培养学生汉语听、说、读、写的基本技能,以及基本言语交际技能的前提下,突出与旅游相关的情景表现(如景区游览、组织旅游、旅游活动、饭店实务等),并注重其相关功能意念的表达(如主客观的表述、旅游社交活动的表达、交际策略的运用等),努力做到语言训练与旅游实务的有机统一。

三、现代性

在课文内容的编写方面,注重在交际情景话题的基础上,融入现代旅游文化的内容。同时,较为具体地介绍中国社会的各个侧面、中国文化的主要表现与重要特征,以使教材更具创新性、趣味性、实用性和现代感。

四、有控性

教材力求做到词汇量、语法点、功能项目分布上的均衡协调、相互衔接,并制定出了各等级的词汇、语法和功能项目的范围与数量:

● 词汇范围

初级Ⅰ、Ⅱ以汉语词汇等级大纲的甲级词(1003个)、部分乙级词和HSK(旅游)初级词语表(1083个)为主,词汇总量控制在1500—2000个之间。

中级Ⅰ、Ⅱ以汉语词汇等级大纲的乙级词(2018个)、部分丙级词和HSK(旅游)中级词语表(1209个)为主,词汇总量(涵盖初级Ⅰ、Ⅱ)控制在3500—4000个之间。

高级Ⅰ、Ⅱ以汉语词汇等级大纲的丙级词(2202个)、部分丁级词和HSK(旅游)高级词语表(860个)为主,词汇总量(涵盖初级Ⅰ、Ⅱ和中级Ⅰ、Ⅱ)控制在5500—6000个之间。

● 语法范围

初级Ⅰ、Ⅱ以汉语语法等级大纲的甲级语法大纲(129项)为主。

中级Ⅰ、Ⅱ以汉语语法等级大纲的乙级语法大纲(123项)为主。

高级Ⅰ、Ⅱ以汉语语法等级大纲的丙级语法大纲(400点)为主。

● 功能范围

初级Ⅰ、Ⅱ以HSK(旅游)初级功能大纲(110项)为主。

中级Ⅰ、Ⅱ以HSK(旅游)中级功能大纲(127项)为主。

高级Ⅰ、Ⅱ以HSK(旅游)高级功能大纲(72项)为主。

此外,在语言技能的训练方面,各门课程虽各有侧重、各司其职,但在词汇、语法、功能的分布上却是相互匹配的。即听力课、口语课中的词汇、语法与功能项目范围,基本上都是围绕读写课(或阅读课)展开的。这样做,可有效地避免其他课程的教材中又出现不少新词语或新语法的问题,从而能在很大程度上减轻学生学习和记忆的负担。同时,这也保证了词汇、语法重现率的实现,并有利于学生精学多练。因此,这是一套既便于教师教学,也易于学生学习的系列性教材。

  本教材在编写过程中,得到北京大学出版社的大力支持:沈浦娜老师为教材的策划、构架提出过许多中肯的意见,多位编辑老师在出版此教材的过程中,更是做了大量具体而细致的工作,在此谨致诚挚的谢意。这套教材在编写过程中,曾经面向学院师生征集过书名,说来也巧,当初以提出"风光汉语"中选并以此获奖的旷书文同学,被沈浦娜招至麾下,并成为她的得力干将,在这套教材出版联络过程中起到极大的作用。

  最后要说明的是,本教材得到上海市人文社会科学重点研究基地的资助,基地编号:SJ0705。

丛书主编

编写说明

《风光汉语·中级口语》是中级汉语口语教材,分Ⅰ、Ⅱ两册。通过这两册教材(共30课)的学习,学生能够在日常生活、旅游、学习、工作和人际交往等方面,提高汉语口语交际的实践能力,比较自如、熟练地运用汉语与他人交流,完成有一定难度的口语交际任务。

本书为第二册。本册课文中,人物的活动场所主要集中在旅游景点、市区、学校、医院、学生宿舍、聚会、课堂等。课文的话题及情境主要是中国文化、旅游活动、经历、做客、交往、友情、婚姻、环保、理财、工作、爱好、养生、社会问题等,多为学习者在实际生活中可能遇到的、需要完成的各项言语交际任务,涉及日常衣、食、住、行的方方面面,以此来加深学生对某个交际情境、主题相关的各项交际功能项目、语言点的理解、掌握与熟练运用。

我们希望通过这册教材(共15课)的学习,学生能进一步掌握并熟练运用更多的日常生活用语,能够熟练进行日常会话,正确表达自己的意图或叙述某一事情的基本内容,提高学生的汉语口头交际能力。

第二语言教学的技能培养一般为听、说、读、写几个方面,从言语交际的角度看,听、说技能的培养更为重要,大量的交际任务是通过口头表达来完成的。中级阶段的汉语学习更应重点培养学生的听、说技能,教学重点在于词汇学习和言语技能训练,如中级词汇和句型的操练等,同时掌握篇章表达练习。遵循这一原则,参照教学实践的有效经验,我们在编写《风光汉语·中级口语Ⅱ》时注重即时性、情境性及互动性,尽可能地为学习者提供近乎真实的情景,让学习者直接接触生活、旅游中的语言材料,让他们模拟交际活动,进行语言运用操练,逐步提高中级汉语阶段的会话水平。与此同时,在课后练习中,对词汇、句型、成段表达(篇章)的训练做了专门设计与编排。

本册共出现约700个生词,主要为中级词汇,也包括极小部分常用超纲词。平均每课约45个生词。每篇课文由三部分构成,课文一和课文二为会话体,课文三为篇章。课文一、课文二的长度一般各为350字左右,课文三的长度在250字左右。每课课文都安排8个句型,话题围绕这些语法点、常用表达法和功能项目展开。为与中级级汉语读写课课型相区别,我们不对课文中的相关语言点设注释与说明,要求掌握的语言点(包括重点词语和语法项目)都编排在课后练习中,以练代讲,希望学生通过学习课文及课后的相关练习理解、掌握并学会运用。每一课课前有供学习者展开相关讨论的"热身"环节,方便教师有效组织、开展教学活动。课后练习注重循序渐进,从语调训练到词汇、句式、成段表达法的训练,从课文内容的熟悉掌握到相关话题的扩展、训练及篇章表达。形式多样、内容丰富、图文并用,具有交际价值。

对外汉语教学的宗旨在于让学生运用所学的词语讲话,以提高语言交际的实际能力。而中级汉语口语课正是学习者进一步学习运用汉语会话、交际的更高平台,在这里,学生会学到解决各种问题所必需的较高程度的口语交际表达方式、交际策略和交际能力。因此,中级汉语口语的教学与训练是相当重要的,有助于学生更快、更多地掌握汉语言交际策略。我们相信,只有多听、多说,多练习,才能更快地提高汉语口语水平,使学生的汉语水平更上一个台阶。

时间与编者水平有限,书中难免有诸多疏漏与不足,敬请使用者提出宝贵意见。谢谢!

编　者

2014年5月

目　录

第 一 课	童心未泯	1
第 二 课	宅男宅女	11
第 三 课	裸婚	22
第 四 课	我们是"驴友"	32
第 五 课	你不理财，财不理你	42
第 六 课	大学生创业	53
第 七 课	电动车王国	63
第 八 课	中医的奥秘	74
第 九 课	异性合租	84
第 十 课	春运	95
第十一课	今天你"低碳"了吗？	105
第十二课	达人秀	116
第十三课	温泉度假村	127
第十四课	中国民乐	137
第十五课	交通改变生活	147
生词总表		157

第一课

童心未泯

1. 你现在还喜欢看动画片吗?
2. 你喜欢去游乐场玩儿吗?
3. 你愿意去电影院看动画电影吗?

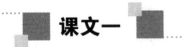

谁说大人不能是动画迷?

(李阳和哈利吃完午饭,发现食堂外面的公告栏旁围着很多人,他们走过去发现公告栏里贴着一张海报……)

李阳:(读海报)学校近期将举办"动画配音大赛",感兴趣的同学请到校学生会办公室报名,大赛设置一、二、三等奖,获奖者将获得现金奖励……

哈利:动画配音大赛?听起来挺有趣的。李阳,你有没有兴趣和我一起试试啊?

李阳：这个建议正合我的心意！我可是个超级动画迷啊！

哈利：你都多大了？还那么喜欢看动画片儿？

李阳：谁说大人不能是动画迷？你没听说过吗，看动画片儿的大人才是最可爱的。

哈利：这我还真没听过，说来听听，这是个什么道理。

李阳：你外行了吧？这就是所谓的"童心未泯"啊。如果我以后找女朋友，一定要找一个和我一样喜欢看动画片儿的女生。因为有一颗"童心"的人才是真正善良的人。

哈利：哎哟，不就是个动画片儿嘛？你哪儿来这么多理由，真是的……

李阳：那是当然啦。看动画片儿的好处多了去了，我说个一天一夜都说不完，比如，能够减压啦，能够回忆童年的时光啦，能够保持快乐的心情啦……

哈利：好啦好啦，动画迷就是动画迷，说起来一套一套的。

李阳：那好吧，不聊啦。我们都各自回去准备准备配音的事情吧。

生词一

1. 公告	（名）	gōnggào	announcement
2. 海报	（名）	hǎibào	poster
3. 配音		pèi yīn	to dub (a film, etc.)

4. 设置	（动）	shèzhì	to set	
5. 获奖		huò jiǎng	to win the prize	
6. 奖励	（动）	jiǎnglì	to reward	
7. 心意	（名）	xīnyì	intention	
8. 大人	（名）	dàrén	adult	
9. 道理	（名）	dàolǐ	reason	
10. 外行	（形）	wàiháng	nonprofessional	
11. 减压		jiǎn yā	to reduce the pressure	
12. 童年	（名）	tóngnián	childhood	
13. 时光	（名）	shíguāng	time	

注释：

童心未泯(mǐn)：年岁虽大但仍有天真之心，形容成年人还保留着孩子的天真。

家门口的迪士尼乐园

（李阳和哈利在一起练习给动画片配音……）

李阳：哈利啊哈利，你说说你，配起音来也太不投入了，简直像在读课文啊！眼看着比赛的日子就要到了，我们可怎么参赛啊？

哈利：你还说我呢，你自己也好不到哪儿去啊。我们俩都得想想办法才行。

李阳：有了！我们可以去游乐园找找感觉。

哈利：说到游乐园，我觉得还是迪士尼乐园最有意思，只可惜中国内地现在还没有。

李阳：你还不知道啊？上海马上就要有迪士尼乐园了！

哈利：哦？是吗？那上海岂不是又要多一个热门景点啦？

李阳：是啊，上海的迪士尼乐园建成后肯定会吸引众多游客的。

哈利：家门口有了迪士尼乐园，像你这样的动画迷一定会第一时间光临的吧？

李阳：那还用说？我还听说上海的迪士尼乐园会增添很多中国元素，会更符合中国人的口味呢！

哈利：听你这么一说，我也很想去看个究竟啦！

李阳：哎呀！我们说了这么多，配音的问题还一点儿没解决呢。我看我们没戏了。

哈利：不要灰心嘛，我们现在就抓紧练习吧。

生词二

1. 迪士尼乐园		Díshìní Lèyuán	Disneyland Park
2. 投入	（形）	tóurù	committed
3. 眼看	（副）	yǎnkàn	soon; in a moment

4. 参赛		cān sài	to participate the competition
5. 游乐园	（名）	yóulèyuán	amusement park
6. 热门	（名）	rèmén	popular
7. 吸引	（动）	xīyǐn	to attract
8. 众多	（形）	zhòngduō	many
9. 元素	（名）	yuánsù	element
10. 符合	（动）	fúhé	to be consistent with
11. 口味	（名）	kǒuwèi	taste
12. 究竟	（名）	jiūjìng	outcome
13. 灰心		huī xīn	be discouraged, to lose heart
14. 抓紧		zhuā jǐn	to pay close attention

注释：

没戏了：没有成功的可能了。

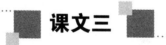

动画片"成人时代"的到来

（李阳谈动画片的"成人时代"）

虽然我已经是成年人了，但是我依然是个不折不扣的超级动画迷。很多人会问我为什么那么爱看动画片儿，我的原因很简单，我们的世界需要多一些乐趣。其实像我这样的人并不是少数。细心观察,你就会发现成年人可能已经成为动画市场的消费主体了,许多动画片主要的观众定位就是成年人。而且有的电影公司甚至特意邀请明星为动画片儿中的角色配音,以吸引成年观众。对于我们这样的"九零后"和"奔三族"来说,看动画片儿不仅能让我们释放生活中的压力,更是对童年美好时光的回忆。也许,一个动画片儿的"成人时代"已经悄悄来到我们的身边。

生词三

1.	成年人	(名)	chéngniánrén	adult
2.	乐趣	(名)	lèqù	fun
3.	消费	(动)	xiāofèi	to consume
4.	主体	(名)	zhǔtǐ	main body
5.	定位		dìng wèi	to orientate
6.	特意	(副)	tèyì	specially
7.	邀请	(动)	yāoqǐng	to invite
8.	明星	(名)	míngxīng	star
9.	角色	(名)	juésè	role
10.	释放	(动)	shìfàng	to release
11.	时代	(名)	shídài	age; era
12.	悄悄	(副)	qiāoqiāo	quietly

第一课 童心未泯

注释:

九零后：指20世纪90年代出生的人。

奔三族：年纪快到30岁的人群。

练习

一、朗读下面的句子,请注意语音、语调

1. 哎哟,不就是个动画片儿嘛？你哪儿来这么多理由,真是的……

2. 看动画片儿的好处多了去了,我说个一天一夜都说不完。

3. 动画迷就是动画迷,说起来一套一套的。

4. 哈利啊哈利,你说说你,配起音来也太不投入了,简直像在读课文啊！

5. 你还说我呢,你自己也好不到哪儿去啊。

6. 说到游乐园,我觉得还是迪士尼乐园最有意思。

二、替换练习

1. 谁说<u>大人不能是动画迷</u>？

　　男人不能练瑜伽

　　我们是啃老族

　　上海的冬天不冷

2. 动画迷就是动画迷，说起来一套一套的。

    高材生　　高材生　知道得真多啊

    大画家　　大画家　作品果然与众不同

    老师　　　老师　　说起话来像上课一样

3. 不就是个动画片儿嘛，你哪儿来这么多理由？

    吃饭　　　　你怎么这么多要求

    考试　　　　你干吗那么紧张

    学习好　　　他干吗那么骄傲

4. 哈利啊哈利，你说说你，配起音来也太不投入了。

    小王　小王　　　怎么能做出这样的事情呢？

    李阳　李阳　　　也太不小心了吧。

    丽莎　丽莎　　　大冷天的就穿这么点儿衣服啊。

5. 你还说我呢，你自己也好不到哪儿去啊。

    你别嫌我笨　　　你自己　聪明

    爱做家务的男人　脾气　　坏

    母亲长得漂亮　　女儿　　难看

6. 说到游乐园，我觉得还是迪士尼乐园最有意思。

    电影　　　　小李　　好莱坞大片儿最好看

    去饭店吃饭　他　　　中国菜好吃

    汉语课　　　哈利　　口语课最有意思

7. 那上海岂不是又要多一个热门景点啦？

    我和女朋友　　　分开一个学期

    你的设计　　　　被评为最佳设计奖

    她这么好的成绩　获得奖学金

第一课　童心未泯

8. 其实像我这样的人并不是少数。

他的意思	不同意你出差
我父母	我的亲生父母
我们的努力	没有回报的

三、根据所给词语完成对话

1. A：我猜你现在一定想去看电影。
   B：＿＿＿＿＿＿＿＿＿＿＿＿＿＿＿＿＿＿＿＿＿（心意）

2. A：＿＿＿＿＿＿＿＿＿＿＿＿＿＿＿＿＿＿＿＿＿（符合）
   B：要想到我们公司工作必须会说汉语和英语。

3. A：我姐姐都35岁了，还没有男朋友呢。
   B：＿＿＿＿＿＿＿＿＿＿＿＿＿＿＿＿＿＿＿＿＿（抓紧）

4. A：我昨天看了一部电影，特别有趣。
   B：＿＿＿＿＿＿＿＿＿＿＿＿＿＿＿＿＿＿＿＿＿（情节）

5. A：这项工作需要专业人员来完成。
   B：＿＿＿＿＿＿＿＿＿＿＿＿＿＿＿＿＿＿＿＿＿（外行）

6. A：＿＿＿＿＿＿＿＿＿＿＿＿＿＿＿＿＿＿＿＿＿（眼看）
   B：即使时间不多了，我们也不能慌，要慢慢来。

7. A：＿＿＿＿＿＿＿＿＿＿＿＿＿＿＿＿＿＿＿＿＿（具备）
   B：一位优秀的老师要有耐心，还要善于和学生互动。

8. A：＿＿＿＿＿＿＿＿＿＿＿＿＿＿＿＿＿＿＿＿＿（邀请）
   B：我周五已经有别的安排，恐怕不能参加贵公司的开业典礼了。

四、按照下面的提示复述课文

课文一

配音　报名　奖励　正合……的心意　动画迷

……都多……了，还……　道理　外行　童心未泯　理由

多了去了　减压　童年　时光　保持　一套一套的　准备

课文二

投入　眼看　参赛　……还……呢,……也……不到哪儿去　找感觉　可惜　建成　众多　光临　增添　元素　符合　口味　看个究竟　没戏　灰心　抓紧

课文三

虽然已经……,但是依然……　不折不扣　简单　乐趣　观察　市场　主体　定位　特意　邀请　角色　九零后　奔三族　释放　时代　悄悄

五、根据下面的情景作对话练习

1. 内容：你和你的朋友谈你们对成年人看动画片的看法。
   角色：你和你的朋友
2. 内容：一名记者采访一位动画片的观众。
   角色：记者和观众
3. 内容：一位成年动画迷和一位动画片制作人谈动画片市场。
   角色：动画迷和动画片制作人

六、请你说说

1. 请说说你喜欢的动画片,并谈谈你喜欢这部动画片的原因。
2. 你希望上海的迪士尼乐园具备哪些中国特色?

第二课

宅男宅女

热身

1. 你知道"宅"的意思吗?
2. 你的周围有"宅男宅女"吗?
3. 你觉得做"宅男宅女"好吗?

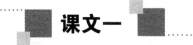
课文一

他现在成"宅男"了

哈利:李阳,最近怎么没见你表哥赵杰啊?

李阳:他现在成"宅男"了,整天蹲在家里上网。

哈利:我听过一首歌叫《阳光宅男》,就是那个"宅男"吗?

李阳:是啊。正像周杰伦唱的:"他的样子像刚出土的文物……走起路一不注意就撞树……"

哈利:真是这样吗?不听不知道,一听吓一跳啊!

李阳:他现在对动漫游戏特别痴迷,到了不能自拔的程度。每天玩儿累了就睡，睡到自然醒。

哈利：他不是已经工作了吗？

李阳：还说呢！因为厌恶上班的缘故，工作没多久就辞职了。我姨妈都愁死了！

哈利：这样的话，他的生活费怎么办呢？

李阳：他开了家网店，专门销售计算机硬件产品，收入还可以。

哈利：可整天一个人呆在家里，不觉得孤单吗？

李阳：用他的话说，这叫"乐在其中"。

哈利：照你这么说，你表哥可真有意思！

李阳：他整天张口一个网络闭口一个网络，我都听烦了。

哈利：要我说呀，他挺有想法的，能根据自己的意愿生活。

李阳：可现在谁跟他说话他都不耐烦。我姨妈很替他的前途担忧，让我有时间去劝劝他呢。

哈利：真是可怜天下父母心啊！那我们一起去吧。

生词一

1. 蹲	（动）	dūn	to stay
2. 文物	（名）	wénwù	historical relic
3. 撞	（动）	zhuàng	to collide
4. 痴迷	（动）	chīmí	to be infatuated
5. 不能自拔		bù néng zìbá	can not help oneself

第二课　宅男宅女

6. 程度	（名）	chéngdù	degree
7. 辞职		cí zhí	to resign
8. 生活费	（名）	shēnghuófèi	living expense
9. 销售	（动）	xiāoshòu	to sell
10. 孤单	（形）	gūdān	lonely
11. 乐在其中		lè zài qí zhōng	find pleasure in it
12. 意愿	（名）	yìyuàn	desire
13. 不耐烦		bú nàifán	be impatient of sth.
14. 前途	（名）	qiántú	future
15. 担忧	（动）	dānyōu	to worry

注释：

宅男宅女：整天呆在屋里上网或做其他事情，很少出门的人。

睡到自然醒：指睡觉的时候不受外界刺激，而是自身本能醒来。

可怜天下父母心：子女不能理解父母的苦心，有时甚至误会父母的苦心，而父母仍然义无反顾地对子女无微不至地照顾。

课文二

你为什么不走出"宅"门

(在李阳表哥赵杰的房间里,哈利和赵杰聊天……)

赵 杰:我现在几乎每天生活在卧室里,就看看网页,写写博客什么的。

哈 利:你现在是远离"尘世"啊!

赵 杰:实话告诉你吧。我虽然每天待在家里,但我也经常关注热点新闻,关注时事。而且我还喜欢评论各类商品呢!

哈 利:你怎么评论?

赵 杰:这你就不懂了吧,还是通过网络啊。我现在做什么事情都依赖网络,不用出门,又省钱又省事。

哈 利:真有你的!

赵 杰:说实话,现在绝大多数人不认同我的想法。我父母对我也很失望,他们说我是在逃避现实。

哈 利:对啊,你为什么不走出"宅"门,像别人一样工作挣钱呢?

赵 杰:我觉得出去工作,每天要早起上班,可能还要经常加班,不自由。

哈 利:是啊,现在的生活节奏越来越快,年轻人的压力也越来越大!

赵　杰：我的很多朋友之所以现在很努力地工作，是因为要挣更多的钱，才可以让自己以后能更好地"宅"。

生词二

1. 网页	（名）	wǎngyè	webpage
2. 博客	（名）	bókè	blog
3. 远离	（动）	yuǎnlí	far away
4. 尘世	（名）	chénshì	this mortal life
5. 热点新闻		rèdiǎn xīnwén	hot news
6. 时事	（名）	shíshì	current events
7. 依赖	（动）	yīlài	to rely on
8. 绝大多数		jué dàduōshù	most of
9. 省事		shěng shì	simplify matters
10. 认同	（动）	rèntóng	to identify with
11. 失望	（动）	shīwàng	lose hope
12. 逃避	（动）	táobì	to escape
13. 加班		jiā bān	work overtime
14. 节奏	（名）	jiézòu	rhythm

课文三

社会调查

越来越多的80后和90后成了"宅男宅女",这几乎成了一种发展趋势。"宅男宅女"们日夜在网上逛,一切交际活动都依靠网络手段完成。他们还喜欢收藏物品。特点之一是"懒",懒得出门,懒得睡觉,懒得做饭。另外,他们觉得出门消费太高,不出门能节省很多钱。

对于这种情形,一些人认为,"宅男宅女"表现了社会的主流文化,他们大多个性鲜明,不用像一般的上班族那样忙碌,在家"自给自足",是一种理想的生活方式。一些人认为,"宅男宅女"们整天窝在家里,丧失了理想,是逃避社会的表现。他们痴迷于网络,不喜欢和别人交流,难以融入社会,是一种不健康的生活方式。

生词三

1. 趋势	(名)	qūshì	tendency
2. 日夜	(名)	rìyè	round the clock
3. 交际	(动)	jiāojì	to socialize
4. 手段	(名)	shǒuduàn	means

第二课 宅男宅女

5. 收藏	（动）	shōucáng	to collect
6. 节省	（动）	jiéshěng	to save
7. 情形	（名）	qíngxíng	circumstances
8. 主流	（名）	zhǔliú	main current
9. 自给自足		zì jǐ zì zú	self-sufficiency
10. 窝	（动）	wō	to stay
11. 丧失	（动）	sàngshī	to lose
12. 融入	（动）	róngrù	to integrate into (society)

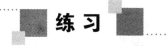

一、朗读词语，请注意语音语调

1. 不听不知道，一听吓一跳！

2. 他整天张口一个网络闭口一个网络，我都听烦了。

3. 照你这么说，你表弟可真有意思！

4. 用他的话说，这叫"乐在其中"。

5. 这你就不懂了吧，还是通过网络啊。

6. 对啊，你为什么不走出"宅"门，像别人一样工作挣钱呢？

二、替换练习

1. 正像<u>周杰伦</u> <u>唱</u>的:"他的样子像刚出土的文物……走起路一不注意就撞树……"

   她   写   她们国家的风景特别漂亮
   记者 报道 那个地区的干旱已经持续四个月了
   老师 说   只有努力练习才能说好汉语

2. 不听不知道,一听吓一跳!

   查   查
   看   看
   比   比

3. 还说呢!<u>因为厌恶上班的缘故,工作没多久就辞职了</u>。

   他因为这件事情,好久都没来上课了
   因为我没跟她一起去购物,她生了好几天气了
   因为我总是上网玩儿游戏,女朋友都不理我了

4. 因为<u>厌恶上班</u>的缘故,<u>工作没多久就辞职了</u>。

   下雨   很多学生没来上课了
   身体   他的成绩越来越差了
   不喜欢锻炼 她越来越胖了

5. 这样的话,<u>他的生活费怎么办呢</u>?

   我们怎么出去玩儿呢
   他的孩子谁照顾啊
   谁跟她一起学习啊

第二课　宅男宅女

6. 他整天张口一个网络闭口一个网络，　　我都听烦了！
　　　　　女朋友　　　女朋友　　我都听腻了
　　　　　出去玩儿　　出去玩儿　　一点儿也没想学习
　　　　　吃什么　　　吃什么　　我知道他为什么那么胖了

7. 要我说呀,他挺有想法的,能根据自己的意愿生活。
　　　　　我们还是别出去玩儿了,太累了
　　　　　我们就去那家饭店吃吧,我听说那儿的菜挺好吃的
　　　　　他是一个挺随和的人,从来不发脾气

8. 这你就不懂了吧,还是通过网络啊。
　　　　　这是高科技产品
　　　　　这是我们之间的秘密
　　　　　这就是中医的奥秘

三、根据所给词语完成对话

1. A：前些天听说哈利喜欢上了网络游戏,最近他怎么样了？
   B：_____（痴迷）

2. A：你每天又要学习汉语,又要打工,真的很辛苦。
   B：_____（乐在其中）

3. A：_____？（辞职）
   B：因为他觉得那份工作没前途。

4. A：_____（依赖）
   B：唉,他可真是个长不大的孩子！

5. A：现在越来越多的人喜欢放假的时候去旅行了。
   B：_____（趋势）

6. A：现在的很多老人都喜欢打太极拳,你爷爷怎么不喜欢呀？
   B：_____（收藏）

7. A：刚才开会的时候你一直不说话,你觉得小王的观点怎么样?

   B：_____(认同)

8. A：我爸爸为我毕业找工作的事每天唉声叹气的。

   B：_____(担忧)

四、按照下面的提示复述课文

课文一

以前　宅男　平均　痴迷　上网　睡觉睡到自然醒
毕业　生活费　辞职　开店　销售　孤单　不耐烦
意愿　前途　担忧　劝劝

课文二

网页　博客　交际　融入　关注　热点新闻　依赖　认同　失望　节奏　逃避　现实

课文三

调查　宅男宅女　趋势　日夜　收藏　懒　消费　节省
情形　主流　自给自足　窝　丧失　不健康

五、根据下面的情景作对话练习

1. 内容：你在路上遇到了一位朋友,他哥哥是一位"宅男",你要向他打听一下他哥哥最近的情况。

   角色：你和你的朋友

2. 内容：电视新闻里报道了最近有关"宅男宅女"的一项调查,你和你妈妈对"宅男宅女"有不同的看法。

角色：你和你妈妈

3. 内容：电视里，一位记者正在采访一位曾经一个月没出过门的"宅男"。

角色：记者和"宅男"

六、请你说说

1. 如果你的朋友是"宅男"或"宅女"，你会怎样劝他（她）？
2. 你愿意做"宅男宅女"吗？
3. 请你客观评价一下"宅男宅女"的生活方式。

第三课

裸 婚

1. 你觉得两个人能够结婚最重要的是什么？
2. 你知道什么是裸婚吗？

《裸婚时代》

李　　阳：佳佳，听说你是个电视迷，那你喜欢看中国的电视剧吗？

黄佳佳：喜欢啊！我前段时间还在看《裸婚时代》呢！

李　　阳：你还别说，最近上演的这部裸婚大戏可真火，想不到你也喜欢看。

黄佳佳：要我说呀，这是本年度最好的一部电视剧。上周末我一口气就把它看完了。

李　　阳：我说你上周怎么不和我们一起出去玩儿呢，原来你是

第三课 裸婚

躲着我们在看电视剧呀!哎,那你倒给我讲讲这部电视剧具体好在哪里?

黄佳佳:我觉得这部电视剧好就好在反映了眼下年轻人新的婚姻观念,而且整部剧的故事情节也特别吸引人。

李　阳:你说的没错!在我看来,电视剧中裸婚的这种结婚方式给中国传统的婚姻观带来了不小的冲击。

黄佳佳:难怪现在网上讨论《裸婚时代》的人越来越多。但是对于裸婚,好像网友们褒贬不一啊!

李　阳:你这倒提醒我了,回头我们的留学生沙龙就来谈谈裸婚吧!看看同学们对裸婚是怎么看的。

黄佳佳:好啊,这一定非常有意思,我这就去通知他们。

生词一

1. 剧	(名)	jù	TV play
2. 上演	(动)	shàngyǎn	to put on the stage
3. 火	(形)	huǒ	hot
4. 想不到		xiǎngbudào	unexpected
5. 本年度		běn niándù	this year; the current year
6. 一口气	(副)	yìkǒuqì	in one breath; without a break
7. 婚姻	(名)	hūnyīn	marriage
8. 观念	(名)	guānniàn	view

9. 情节	（名）	qíngjié	plot
10. 传统	（形）	chuántǒng	traditional
11. 冲击	（动）	chōngjī	impact
12. 褒贬不一		bāo biǎn bù yī	a mixed reception
13. 回头	（副）	huítóu	later
14. 沙龙	（名）	shālóng	salon

注释：

裸婚： 指的是不买房、不买车、不办婚礼、不买婚戒，直接登记结婚的一种节俭的结婚方式。

课文二

留学生沙龙

（今天的沙龙由李阳来主持……）

李　阳：大家晚上好，今天我们沙龙的主题是裸婚，现在就请在场的各位都谈谈自己的看法。

芳　子：那我先来说一下吧。我认为眼下要结婚就要有婚纱、房子、车子的想法是对幸福生活的错误理解，我赞成年轻人选择裸婚这一合理的结婚方式。

金大永：我可不这么想，没有好的物质基础，怎么支撑起一个

第三课　裸　婚

家庭呢？单凭一张结婚证,怎么能经得起风吹雨打呢？裸婚实在是自欺欺人！

丽　　莎：大永,或许你说的有理,但是婚姻幸福的关键并不在于生活条件有多好,而在于夫妻俩真心相爱。

哈　　利：我同意丽莎说的,裸婚能让彼此相爱的人在一起,这才是最重要的。

黄佳佳：但是大家别忘了,裸婚这种没有物质保障的结婚方式,必然会产生一些不稳定因素,从而影响到家庭的和谐。

李　　阳：大家说的都有理。我提一个小问题,现在很多人会为了面子,结婚的时候铺张浪费,在这种情况下,我们提倡裸婚这种量力而行的结婚方式,是不是也挺有意义呢？

生词二

1. 主题	（名）		zhǔtí	theme; subject
2. 在场	（动）		zàichǎng	to be present
3. 婚纱	（名）		hūnshā	wedding dress
4. 支撑	（动）		zhīchēng	to support
5. 风吹雨打			fēng chuī yǔ dǎ	be battered by the wind and the rain
6. 自欺欺人			zì qī qī rén	deceive oneself and as well as others
7. 或许	（副）		huòxǔ	perhaps

8. 夫妻	（名）	fūqī	couple
9. 彼此	（代）	bǐcǐ	each other
10. 方式	（名）	fāngshì	way; style
11. 和谐	（形）	héxié	harmonious
12. 面子	（名）	miànzi	reputation; prestige; face
13. 铺张浪费		pūzhāng làngfèi	extravagance and waste
14. 量力而行		liàng lì ér xíng	act according to one's ability

课文三

李阳谈裸婚

近年来,"裸婚"渐渐盛行,成了年轻人最新潮的结婚方式。

在我看来,裸婚产生的原因有两个:一、当今社会的生存压力太大。很多刚刚参加工作的青年靠微薄的薪水很难承担起飞速上涨的房价,这使得他们无奈地选择裸婚。二、新一代年轻人敢于突破传统观念。在他们眼中,婚姻并不是物质,而是两个人相互扶持、共同努力的精神。他们在宽容地对待反对声的同时,也不再允许别人盲目干涉他们的选择。

裸婚族们用自己的行动为婚姻带来了一场革命,让全社会去重新理解婚姻的涵义,并且向人们传递了一个信息:结婚时与其"打肿脸充胖子",还不如"把钱用在刀刃上",以更加乐观的心态面对婚姻和生活。

这样看来,裸婚又有什么不可以呢?

生词三

1. 盛行	（动）	shèngxíng	to prevail
2. 薪水	（名）	xīnshuǐ	salary
3. 承担	（动）	chéngdān	to shoulder
4. 飞速	（副）	fēisù	at full speed
5. 房价	（名）	fángjià	the price of houses
6. 敢于	（动）	gǎnyú	have the courage to
7. 突破	（动）	tūpò	to make a breakthrough
8. 宽容	（动）	kuānróng	to tolerant; to bear with
9. 不再		bú zài	no longer; not any more
10. 干涉	（动）	gānshè	to interfere
11. 革命	（名）	gémìng	revolution
12. 传递	（动）	chuándì	to transmit; to deliver; to transfer

注释:

打肿脸充胖子:要面子,硬撑着做自己力量达不到的事。

把钱用在刀刃上:就是说钱应该被用在最该用、最急用的地方。

练 习

一、朗读句子，请注意语音语调

1. 听说你是个电视迷，那你喜欢看中国的电视剧吗？

2. 你还别说，最近上演的这部裸婚大戏可真火，想不到你也喜欢看。

3. 我可不这么想，没有好的物质基础，怎么支撑起一个家庭呢？

4. 我同意丽莎说的，裸婚能让彼此相爱的人在一起，这才是最重要的。

5. 婚姻幸福的关键并不在于生活条件有多好，而在于夫妻俩真心相爱。

6. 结婚时与其"打肿脸充胖子"，还不如"把钱用在刀刃上"。

二、替换练习

1. 你还别说，<u>最近上演的这部裸婚大戏可真火</u>，<u>想不到你也喜欢看</u>。
    我去按摩以后腰不疼了
    那条路建好以后，这条路上不太堵车了
    你锻炼身体后精神好多了

2. 我说<u>你上周怎么不和我们一起出去玩儿呢</u>，原来<u>你是躲着我们在看电视剧呀</u>！
   他   知道那件事的   是你告诉他的

第三课 裸婚

你英语　　　　说得这么好　　　　你去美国留过学啊
这个人的钢琴　弹得这么棒　　　　他是著名的钢琴家啊

3. <u>这部剧</u>好就好在<u>反映了眼下年轻人新的婚姻观念</u>。
　　新买的家电　　节能环保
　　这次的工作　　有出国的机会
　　这本书　　　　内容写得很现实

4. 要<u>结婚</u>就要有<u>婚纱、房子、车子</u>。
　　交朋友　　　　　　一颗真诚的心
　　想取得好的成绩　　下苦功的决心
　　完成这么难的任务　各个部门的协助

5. 没有<u>好的物质基础</u>,怎么<u>支撑起一个家庭</u>呢?
　　足够的时间　　　做得完这么多工作
　　学习上的积累　　能写出好论文
　　充足的休息　　　会有精神上班

6. 婚姻幸福的关键并不在于<u>生活条件有多好</u>,而在于<u>夫妻俩真心相爱</u>。
　　比赛取胜　　我们的实力有多强　　　　我们始终没有放弃
　　学术创新　　你掌握多少的知识　　　　你要勤于思考、善于分析
　　实现理想　　自己想得有多好　　　　　努力地去实践

7. <u>他们</u>在<u>宽容地对待反对声</u>的同时,也<u>不再允许别人盲目干涉他们的选择</u>。
　　我们　帮助别人　　　使自己得到了快乐
　　人类　破坏环境　　　给人类自己带来了危害
　　李阳　上学读书　　　在外面做兼职

8. 裸婚能让人以更加乐观的心态去生活,这样看来,裸婚又有什么不可以呢?

年轻人去艰苦的地方工作能学到更多东西　　去西部城市工作

小孩儿吃苦能够让他们学会珍惜　　让小孩儿吃点儿苦

工作上的竞争对手能让你发现自己的不足　　尊重自己的对手

三、根据所给词语完成对话

1. A:昨天我在网上看到再过几天有很多歌星要来上海开演唱会。
   B:_____(上演)

2. A:咦,我昨天刚买的巧克力怎么全没了?
   B:_____(一口气)

3. A:对我们学院组织看的那部电影,你们的评价如何?
   B:_____(褒贬不一)

4. A:昨天我们在你家聚会的时候,你记不记得我把手机放哪里了?
   B:_____(在场)

5. A:唉!就剩一天时间了,我肯定完不成这项工作了。
   B:_____(或许)

6. A:听说芳子的同屋在外面做很多兼职,每天都累得精疲力尽。
   B:_____(量力而行)

7. A:我听说你妈又让你去相亲了?
   B:_____(干涉)

8. A:举办奥运会的时候,一般都进行哪些活动?
   B:_____(传递)

四、按照下面的提示复述课文

课文一

听说　裸婚时代　上演　火　电视剧　你还别说　本年

度 我说……呢,原来…… 好就好在 婚姻 情节 在我看来 难怪 褒贬不一 提醒 沙龙

课文二

主题 在场 婚纱 物质 基础 自欺欺人 或许 夫妻 彼此 和谐 面子 铺张浪费 量力而行 必然

课文三

近年来 盛行 原因 薪水 房价 新一代 敢于 突破 扶持 宽容 在……的同时,也…… 干涉 革命 传递 打肿脸充胖子 把钱用在刀刃上 乐观 这样看来

五、根据下面的情景作对话练习

1. 内容:两个同学谈各自参加过的婚礼。
   角色:两个同学
2. 内容:两个朋友在聊对裸婚的看法。
   角色:两个朋友
3. 内容:你和你的朋友聊聊结婚意味着什么。
   角色:你和你的朋友

六、请你说说

1. 在你的家乡,人们结婚时的风俗习惯是什么?
2. 你知道闪婚吗?请谈谈你对闪婚的看法。
   (闪婚指的是两人在短暂的相识后,未经过一定时间的交往和相互了解而确立婚姻关系的一种快速的结婚形式。)

第四课

我们是"驴友"

热身

1. 你喜欢自助游吗?
2. 你想去户外探险吗?
3. 你知道什么特别的旅行方式吗?

课文一

我不是游客,我是"驴友"

(李阳和丽莎在校门口相遇,李阳背着背包,穿着登山鞋,正要出发去旅游……)

丽莎:李阳,又要出去旅游了?上个月不是刚去过四川吗?这也太频繁了吧?

李阳:话是这么说,但是这次我的"驴友"们约我去云南,云南可是我日思夜想的地方啊,我实在没法拒绝。

丽莎:平常看你挺冷静的,原来还有这么狂热的一面。对了,

第四课 我们是"驴友"

你刚才说的"旅友"就是一起旅行的朋友吗?

李阳:你误解了,"驴友"的"驴"是毛驴的"驴"。别看都是旅行,我们"驴友"和一般的游客可有着天壤之别。

丽莎:难道你们骑着小毛驴去旅行?

李阳:你太会开玩笑了!首先,"驴"和"绿"的读音相近,也就是说我们这样的旅行爱好者坚持"环保"的观念。其次,毛驴能驮很多东西,你看,我背了这么大的背包去旅行,要有很好的体力才可以。

丽莎:我明白了,可是"驴友"和一般的游客有什么不一样呢?

李阳:我们旅行不是为了休闲度假。我们不住舒适的宾馆,不去饭店吃美味的食物。我们会去深山探险,还会在野外过夜,可能会很辛苦。所以,"驴友"不是什么人都当得了的。

生词一

1. 相遇　　　(动)　　xiāngyù　　　to meet each other
2. 背包　　　(名)　　bēibāo　　　　backpack
3. 频繁　　　(形)　　pínfán　　　　frequently
4. 日思夜想　　　　　rì sī yè xiǎng　think all the time
5. 拒绝　　　(动)　　jùjué　　　　 to refuse
6. 冷静　　　(形)　　lěngjìng　　　calm

7. 狂热	(形)	kuángrè		extremely enthusiastic
8. 误解	(动)	wùjiě		to misunderstand
9. 天壤之别		tiān rǎng zhī bié		huge difference
10. 毛驴	(名)	máolǘ		donkey
11. 驮	(动)	tuó		to carry on the back
12. 体力	(名)	tǐlì		physical strength
13. 度假		dù jià		to go vacationing
14. 美味	(名)	měiwèi		delicious food
15. 探险		tàn xiǎn		to explore
16. 野外	(名)	yěwài		field

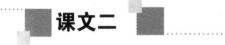

课文二

我偏要当"驴友"

丽莎：这次旅行回来，你该心满意足了吧？

李阳：是啊。这次旅行完成了我去云南的心愿不说，还让我认识了许多新的"驴友"。

丽莎：你云南也去了，新朋友也认识了，这回得老老实实地在学校里学习了吧？

李阳：也对，马上就要考试了，我得补补课才行。

丽莎：你这是想临时抱佛脚啊。

第四课　我们是"驴友"

李阳：临时抱佛脚也得有力气抱啊。我现在已经累得不行了，先得好好儿睡一觉，才有精力对付考试。

丽莎：你说说你，放着舒舒服服的日子不过，非要去当什么"驴友"，看把自己累的。

李阳：话可不是这么说的，要是天天就知道待在屋子里享福，人生还有什么意义啊？当"驴友"虽然辛苦，但是也乐趣无穷。

丽莎：看你着迷的样子，我也开始对"驴友"好奇起来了。下次我也要和你一起去！

李阳：当"驴友"可不是闹着玩儿的。你要是在路上出了什么意外，我可负不起这个责任。

丽莎：你别小瞧我们女生。你越是这么说，我越是偏去不可！

李阳：别闹脾气啦！要是你真想去，有空儿我跟你好好儿交代交代要准备什么。

生词二

1. 心满意足		xīn mǎn yì zú	satisfied
2. 老实	（形）	lǎoshi	honest; simple-minded
3. 补课		bǔ kè	make up the missed lessons
4. 精力	（名）	jīnglì	energy
5. 对付	（动）	duìfu	to cope with

6. 享福		xiǎng fú	enjoy the life
7. 无穷	（动）	wúqióng	endless
8. 负	（动）	fù	to take (the responsibility)
9. 责任	（名）	zérèn	responsibility
10. 偏	（副）	piān	deliberately
11. 闹脾气		nào píqi	to be out of temper temper
12. 交代	（动）	jiāodài	to explain

注释：

临时抱佛脚：比喻平时没有准备，事情快要来的时候才匆忙应对。

课文三

李阳对丽莎的交代

　　不是我小看你们女生，而是"驴友"的生活确实艰苦，所以，没有良好的身体素质，没有做好充分的思想准备，是绝对不行的。看在你这么想当驴友的份上，我这次就带你一起去。不过，你可别高兴得太早。咱们丑话说在前头，你要仔细听清楚我交代的事情，别不当回事儿，要不然到时候遇到麻烦，吃苦头的还是你自己。首先，要穿适合运动的宽松的衣服和舒适的登山鞋，不能光想着漂亮，漂亮可不能当饭吃。其

第四课 我们是"驴友"

次,要带上足够的纯净水。我们在深山里探险,可能没有安全的水源,只能喝自己带的水。最后,也是最重要的一点,随身携带指南针,不要远离大部队。要是自己太任性贪玩儿,不走丢才怪呢!

生词三

1. 艰苦	(形)	jiānkǔ		tough
2. 良好	(形)	liánghǎo		good
3. 素质	(名)	sùzhì		quality
4. 充分	(形)	chōngfèn		sufficient
5. 宽松	(形)	kuānsōng		loose
6. 纯净水	(名)	chúnjìngshuǐ		purified water
7. 水源	(名)	shuǐyuán		water source
8. 随身	(形)	suíshēn		(take something) with oneself
9. 携带	(动)	xiédài		to take along
10. 指南针	(名)	zhǐnánzhēn		compass
11. 部队	(名)	bùduì		unit; army
12. 贪玩儿	(形)	tānwánr		playful

注释:

吃苦头: 比喻遭受挫折。

丑话说在前头：不中听的话先说出来以免发生矛盾。

不当回事儿：比喻对某事不重视。

不能当饭吃：比喻没有实际的作用。

一、朗读下面的句子，请注意语音、语调。

1. 话是这么说，但是这次我的"驴友"们约我去云南，云南可是我日思夜想的地方啊，我实在没法拒绝。

2. 我明白了，可是"驴友"和一般的游客有什么不一样呢？

3. "驴友"不是什么人都当得了的。

4. 你云南也去了，新朋友也认识了，这回得老老实实地在学校里学习了吧？

5. 你说说你，放着舒舒服服的日子不过，非要去当什么"驴友"，看把自己累的。

6. 你要是在路上出了什么意外，我可负不起这个责任。

二、替换练习

1. 话是这么说，但是<u>这次我的"驴友"们约我去云南，我实在没法拒绝</u>啊。

　　帮助别人也要有能力才行

　　他说话的态度也太差了

　　他不听我的，我也没有办法

第四课 我们是"驴友"

2. 别看都是旅行，<u>我们"驴友"和一般的游客可有着天壤之别</u>。
  他个子不高 力气却特别大
  他小小年纪 可说起话来像个大人似的
  这篇文章很长 其实很好理解

3. <u>"驴友"不是什么人都当得了的</u>。
  这种苦   吃
  他这么差的脾气 受
  这么难的工作   做

4. <u>这次旅行非常难忘</u>，<u>完成了我的心愿不说，还认识了许多新的"驴友"</u>。
  这家饭馆儿的菜 味道好   特别便宜
  大学生做兼职   能挣些零花钱 能和不同的人交朋友
  这个房子的位置特别好 交通方便   离公园很近

5. 你云南也去了，<u>新朋友也认识了</u>，这回得老老实实地在学校里学习了吧？
  你们饭 吃 酒 喝 现在该干活了吧
  我衣服 洗 地 扫 你怎么还是不满意呢
  我书 看 作业 写 现在能出去玩儿了吗

6. <u>你说说你</u>，放着<u>舒舒服服的日子不过</u>，<u>非要去当什么"驴友"</u>。
  你怎么了 好好儿的学 上 偏要去打工
  你告诉我 那么好的工作 干 为什么要辞职啊
  你看你   这么好的专业 选 非要去学动画设计

7. 看在<u>你这么想当驴友</u>的份上，<u>我这次就带你一起去</u>。
  你这么努力   我下个月给你加工资
  我们是好朋友 我就再帮你一次
  他生病   这次出差我替他去吧

8. 自己太任性贪玩儿, 不 走丢 才怪呢!

   你一下吃了那么多　　肚子疼

   他昨天穿得那么少　　感冒

   他总是马马虎虎的　　被父母骂

三、根据所给词语完成对话

1. A: 我一个月内出了七次差,感觉实在太累了。
   B: ＿＿＿＿＿＿＿＿＿＿＿＿＿＿＿＿＿＿＿＿＿＿＿＿(频繁)

2. A: 我今天不太舒服,可是我的朋友约我出去看电影。
   B: ＿＿＿＿＿＿＿＿＿＿＿＿＿＿＿＿＿＿＿＿＿＿＿＿(拒绝)

3. A: 昨天李阳看到成龙后激动得话都说不出来,冲上去就要和他拍照。
   B: ＿＿＿＿＿＿＿＿＿＿＿＿＿＿＿＿＿＿＿＿＿＿＿＿(狂热)

4. A: ＿＿＿＿＿＿＿＿＿＿＿＿＿＿＿＿＿＿＿＿＿＿＿＿(精力)
   B: 是啊,他每天一大早起来跑步,晚上一直学习到深夜。

5. A: 父母为了儿女的成长吃了不少苦,受了不少累。
   B: ＿＿＿＿＿＿＿＿＿＿＿＿＿＿＿＿＿＿＿＿＿＿＿＿(享福)

6. A: 张经理要去外地出差半年,他的工作就交给你处理了。
   B: ＿＿＿＿＿＿＿＿＿＿＿＿＿＿＿＿＿＿＿＿＿＿＿＿(交代)

7. A: 现在的自然资源盲目开采,这样下去总有一天会用完的。
   B: ＿＿＿＿＿＿＿＿＿＿＿＿＿＿＿＿＿＿＿＿＿＿＿＿(充分)

8. A: ＿＿＿＿＿＿＿＿＿＿＿＿＿＿＿＿＿＿＿＿＿＿＿＿(贪玩儿)
   B: 其实我同屋学习很认真,不像表面上那样随便。

四、按照下面的提示复述课文

课文一

频繁　日思夜想　拒绝　冷静　狂热　毛驴　天壤之别
旅行爱好者　环保　观念　驮　体力　休闲度假　舒适

第四课　我们是"驴友"

美味　探险　野外　辛苦

课文二

心满意足　……不说,还……　……也……了,……也……了　补课　临时抱佛脚　精力　对付　放着……不过,非要去……　享福　乐趣　着迷　可不是闹着玩儿的　意外　负责任　偏　闹脾气　交代

课文三

不是……而是……　良好　素质　充分　丑话　不当回事儿　吃苦头　宽松　……不能多饭吃　纯净水　水源　随身　携带　指南针　远离　贪玩儿　不……才怪呢

五、根据下面的情景作对话练习

1. 内容：你和你的朋友谈谈你们对"驴友"的看法。
   角色：你和你的朋友
2. 内容：两个"驴友"在深山探险,其中一个人的水没有了,你们怎么办？
   角色：两个"驴友"

六、请你说说

1. 你们国家有没有像"驴友"这样的旅行爱好者？
2. 你愿意做"驴友"还是愿意做普通的游客？为什么？

第五课

你不理财,财不理你

1. 你有自己的小账本吗？你有记账的习惯吗？
2. 你觉得自己花钱有计划吗？
3. 你觉得什么是理财？

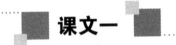

你不理财,财不理你

(哈利到李阳家做客,看到李阳的桌子上有个本子)

哈利：这是你的日记本吗？我要看看有没有秘密。

李阳：不是,这是我的账本。

哈利：真是太阳从西边出来了！我们的"迷糊李阳"也会记账啊？

李阳：你别哪壶不开提哪壶。我只是偶尔迷糊,大部分时间可是很"精明"呢。

第五课　你不理财，财不理你

哈利：那你的账本上都记些什么？

李阳：就记我的日常花费。比如吃饭花了多少钱，买东西花了多少钱什么的。

哈利：记这个有什么用啊？

李阳：用途可大了去了！以前，我花钱的时候没感觉，常常收支不平衡。自从开始记账以来，我改正了很多不良的花钱习惯。

哈利：这样说来，这倒是个有效的方法。你是怎么想出来这个好方法的？

李阳：是我爸爸教我的。他是有名的理财专家，他还让我从现在开始学习理财呢。

哈利：别开玩笑了，你又没多少"财"，理什么财啊？

李阳：你的这种思想，是很多人的认识误区。你没听过嘛，"你不理财，财不理你"。

哈利：你说得有道理。有机会我一定找你爸爸咨询一些有关理财的问题。

生词一

1. 账本	（名）	zhàngběn	account book
2. 迷糊	（形）	míhu	bewildered
3. 账	（名）	zhàng	account

4. 精明	（形）	jīngmíng	astute
5. 用途	（名）	yòngtú	purpose
6. 收支	（名）	shōuzhī	income and expenses
7. 平衡	（形）	pínghéng	balance
8. 改正	（动）	gǎizhèng	to correct
9. 不良	（形）	bùliáng	bad
10. 有效	（形）	yǒuxiào	effective
11. 理财		lǐ cái	to manage money matters
12. 专家	（名）	zhuānjiā	specialist
13. 思想	（名）	sīxiǎng	thought
14. 误区	（名）	wùqū	the wrong region
15. 咨询	（动）	zīxún	to consult

注释：

哪壶不开提哪壶：比喻不顾别人的感受，专门说别人不想说起的事情。

你不理财，财不理你：就是说如果你不会打理你的钱财，那么钱财也不会自动进到你的口袋里去。

课文二

理财途径多

（哈利在向李阳的爸爸咨询理财的问题）

哈　　利：叔叔，我一直有个疑问，就是我们现在也没什么钱，该怎么理财呢？

李阳爸爸："富人不是一天炼成的"！你们从现在开始就要有理财的意识。

哈　　利：那我们该怎么做呢？

李阳爸爸：节俭就是你们要做的第一步。

哈　　利：那能节省几个钱！

李阳爸爸：看来你根本没把节俭当回事儿。节俭虽然不能创造财富，但是却可以积累财富，只有积累了一定的财富才可以换来更多的收获。

哈　　利：那我也要像李阳一样开始记账。

李阳爸爸：很好！但光记账是不够的，你还可以去银行办一个定期存折，为以后用钱做准备，防患于未然嘛！

哈　　利：听您的！叔叔，您都是怎么理财的？

李阳爸爸：我理财的途径很多，比如投资房产、买保险、买基金、买股票、买国债什么的。

哈　　利：您一口气说了这么多，可您说的我都不太了解。

李阳爸爸：你对这些陌生是很自然的。你要做的呢，就是要尽可能地省钱，存下一些钱，积少成多，为以后做准备。

生词二

1. 途径	（名）	tújìng	way
2. 疑问	（名）	yíwèn	query
3. 富人	（名）	fùrén	the rich
4. 炼	（动）	liàn	to refine
5. 节俭	（形）	jiéjiǎn	frugal
6. 创造	（动）	chuàngzào	to create
7. 财富	（名）	cáifù	wealth
8. 定期	（形）	dìngqī	at fixed period
9. 存折	（名）	cúnzhé	bankbook
10. 防患于未然		fáng huàn yú wèirán	nip in the bud
11. 保险	（名）	bǎoxiǎn	insurance
12. 基金	（名）	jījīn	fund
13. 国债	（名）	guózhài	national debt
14. 陌生	（形）	mòshēng	unfamiliar
15. 尽可能		jǐn kěnéng	as far as possible
16. 省钱		shěng qián	to save money
17. 积少成多		jī shǎo chéng duō	many a little makes a mickle

第五课 你不理财,财不理你

注释:

听您(你)的: 表示同意对方说的话,并按照对方说的做。

课文三

学会理财很重要

学会了理财就意味着学会了更好地生活。现在人们大多追求及时行乐的生活方式,社会上出现了越来越多的"月光族"和"卡奴"。但在大手大脚花钱的同时,越来越多的人也开始为自己今后的生活做准备,于是理财便进入了人们的生活。理财最重要的是有节制地花钱,购物狂当然谈不上理财。另外,有的人喜欢投资买房,等着房子升值;有的人每个月都按时把固定的钱存进银行,当作"应急现金库";有的人喜欢买股票,但股市有风险,要慎重;还有的人为了更好地活在当下,就去买意外险。不怕一万,就怕万一。万一出意外了,还能有个保障。于是,不同的人根据不同的需求,把自己的收入分成不同的部分。这样既能保证现在的生活质量,又不必为以后的生活担忧,真是一举两得!

生词三

1. 及时行乐		jíshí xínglè	carpe diem
2. 卡奴	（名）	kǎnú	card slave
3. 节制	（动）	jiézhì	to control
4. 购物狂	（名）	gòuwùkuáng	shopaholic
5. 升值		shēng zhí	upvaluation
6. 固定	（形）	gùdìng	regular
7. 应急		yìng jí	to meet an emergency
8. 慎重	（形）	shènzhòng	cautious
9. 活在当下		huó zài dāngxià	live in the present
10. 意外险	（名）	yìwàixiǎn	accident insurance
11. 保障	（名）	bǎozhàng	guarantee
12. 分成		fēn chéng	to divide into
13. 质量	（名）	zhìliàng	quality
14. 不必	（副）	búbì	not necessary

注释：

不怕一万，就怕万一：一件事情即使发生的几率不大，却又有发生的可能，必须做好防范。

第五课　你不理财,财不理你

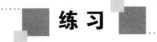

一、朗读句子,请注意语音语调

1. 太阳从西边出来了！我们的"迷糊李阳"也会记账啊！
2. 用途可大了去了！
3. 这样说来,这倒是个有效的方法。
4. 别开玩笑了,你又没多少"财",理什么财啊？
5. 你没听过吗？"你不理财,财不理你"！
6. 看来你根本没把节俭当回事儿！

二、替换练习

1. 你又没多少"财",理什么财啊？

他	钱	买	车
你爸爸	时间	逛	街
这儿	加班表	加	班

2. 用途　　可大了去了！

　他的家　　　大
　喜欢她的人　多
　那座楼　　　高

3. 这样说来,这倒是个有效的节省方法！
　　　　他学习还挺用功的
　　　　她真是一个好老师
　　　　我还需要继续努力啊

4. 你没听过吗?"你不理财,财不理你"。

　　　股市有风险,入市需谨慎

　　　朋友是最大的财富

　　　有志者事竟成

5. 看来你根本没把节俭当回事儿。

　　他　　　我的劝告

　　那些人　　法律

　　你　　　自己的健康

6. "富人不是一天炼成的"!

　　好的习惯　　养

　　流利的口语　　练

　　这么多课程　　修

7. 光记账是不够的,你还可以去银行办一个定期存折。

　　读书　　　　要多思考、多理解

　　喜欢　　　　可以用行动表达你的喜欢

　　道歉　　　　得给他们赔偿

8. 你对这些陌生是很自然的。

　　她不喜欢这个地方

　　留学生不太了解中国的文化

　　毕业后找工作

三、根据所给词语完成对话

1. A：现在的年轻人因为工作很忙,往往会忽略了一日三餐。

　　B：＿＿＿＿＿＿＿＿＿＿＿＿＿＿＿＿＿＿(平衡)

第五课　你不理财,财不理你

2. A：大多数人认为饭后散步对身体有好处。
   B：_____（误区）

3. A：他的这个建议有利于公司的发展吗?
   B：_____（有效）

4. A：今天我买了很多东西,这个月的钱又不够花了。
   B：_____（节俭）

5. A：要考试了,可是还有很多内容没有复习。
   B：_____（尽可能）

6. A：我准备在银行办一个存折,定期存款。
   B：_____（防患于未然）

7. A：听说你买了房子,哪儿来那么多钱啊?
   B：_____（积少成多）

8. A：你一个月前不就说要买房子了吗?怎么现在还没选好?
   B：_____（慎重）

四、按照下面的提示复述课文

课文一

账本　日常花费　用途　收支　平衡　改正　不良　没感觉　心疼　有效　理财　专家　误区　你不理财,财不理你　咨询

课文二

疑问　意识　节俭　把……当回事儿　创造　财富　积累　收获　定期存折　防患于未然　途径　投资　保险　国债　一口气　陌生　尽可能　积少成多

课文三

意味着 追求 及时行乐 月光族 卡奴 大手大脚 节制 购物狂 升值 应急现金库 慎重 不怕一万就怕万一 保障 质量 不必 担忧

五、根据下面的情景作对话练习

1. 内容：一个工资比较高的白领向朋友咨询理财的问题，因为她是典型的月光族，工作几年了，没有多少存款，正在为以后的生活担忧。

   角色：白领和她的朋友

2. 内容：你和朋友正在谈论要不要记账的问题。

   角色：你和你的朋友

3. 内容：电视里一位记者正在采访一位理财专家，记者想知道理财专家是怎么理财的，年轻人应该怎么理财。

   角色：记者和理财专家

六、请你说说

1. 你觉得记账有必要吗？为什么？
2. 你觉得什么是不良的花钱习惯？你有不良的花钱习惯吗？
3. 请你列出自己的理财计划。

第六课

大学生创业

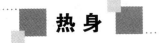

1. 你以后想找什么样的工作?
2. 你想过自己创业吗?你身边有同学创业吗?

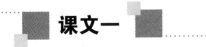

哈利想创业

(快到暑假了,很多同学开始找实习单位了……)

李阳:哈利,明天体育馆有个大型的招聘会,听说有许多不错的实习岗位,咱们一起去看看吧!

哈利:是这样的,今年暑假我已经有安排了,明天我就不去招聘会了。

李阳:咦?原先你不是说过要留在中国工作的吗?为什么不趁暑假积累点儿工作经验呢?

哈利:没错,一直以来,我都认为在中国发展很有前景,但我是想毕业后留在中国寻找创业的机会,不是想随便找一家公司,有份白领的工作就好了。

李阳:你想过创业的困难吗?这可不是闹着玩儿的。

哈利:我明白创业的道路不会平坦。对我来说,创业确实是一个很大的挑战,但再难我也不会动摇。

李阳:看来你是下定决心了,那你说说你都做了哪些准备了?你可别只是纸上谈兵啊!

哈利:不瞒你说,我还真没想好具体做什么呢。已经有的想法也不太成熟。唉,摸着石头过河吧!我打算利用暑假这段时间好好琢磨琢磨。

李阳:对了,金大永也想在中国做生意,要不你找他谈谈?说不定,他能帮上你呢!

哈利:我怎么没想到?事不宜迟,我这就去找他。

生词一

1. 实习	(动)	shíxí	to practice
2. 大型	(形)	dàxíng	large-scale
3. 招聘	(动)	zhāopìn	to recruit
4. 岗位	(名)	gǎngwèi	position
5. 前景	(名)	qiánjǐng	prospect
6. 白领	(名)	báilǐng	white-collar worker

第六课 大学生创业

7. 平坦	（形）	píngtǎn	even; smooth; level; flat
8. 挑战	（名）	tiǎozhàn	challenge
9. 动摇	（动）	dòngyáo	to sway; to vacillate; to shake
10. 纸上谈兵		zhǐ shàng tán bīng	to engage in idle theorizing
11. 成熟	（形）	chéngshú	ripe; mature
12. 琢磨	（动）	zuómo	turn sth. over in one's mind; ponder
13. 做生意		zuò shēngyi	to do business
14. 事不宜迟		shì bù yí chí	this matter should not be delayed

注释：

摸着石头过河：比喻边做边摸索经验。

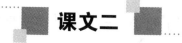

创业取经

（哈利到了金大永住的公寓……）

金大永：呦！哈利，稀客稀客，平时你可很少来我这儿啊！

哈　利：大永，今天我是特地来向你请教一些创业方面的问题的。

金大永：请教谈不上。你先说说你的想法，我再看能不能帮你出谋划策。

哈　利：行！我觉得现在大家对自己的婚礼都非常重视，我就想创办一家结婚典礼的策划公司，你看怎么样？

金大永：现在的婚庆公司还是挺多的，那你的公司有什么与众不同的地方吗？

哈　利：因为现在越来越多的年轻人对浪漫的西式婚礼感兴趣，所以我打算把提供专业的西式婚庆服务作为公司的特色。

金大永：这个主意很不错啊！我建议你可以先做一个问卷调查，了解一下市场潜力到底有多大。

哈　利：我记下了。我还在考虑要不要一开始就向银行贷款，把公司的规模做大一点儿。

金大永：我倒觉得创业初期的起点低一些更保险。等你赚到"第一桶金"了，再来考虑扩大规模也不迟。或者你也可以找几个志同道合的朋友一起合作创业啊！

哈　利：好，我明白了。大永，今天真是太谢谢你了！

金大永：哪儿的话，也没帮上你什么。要想成功关键还在于你自己的努力，那我就等你的好消息啦！

生词二

| 1. 稀客 | （名） | xīkè | rare visitor |
| 2. 特地 | （副） | tèdì | specially |

第六课　大学生创业

3. 婚礼	（名）	hūnlǐ	wedding ceremony
4. 创办	（动）	chuàngbàn	to establish; to found; to set up
5. 典礼	（名）	diǎnlǐ	ceremony; celebration
6. 策划	（动）	cèhuà	to plan; to make plans
7. 与众不同		yǔ zhòng bùtóng	out of the ordinary
8. 问卷	（名）	wènjuàn	questionnaire
9. 潜力	（名）	qiánlì	latent capacity; potentiality
10. 贷款		dài kuǎn	to grant a loan; loan
11. 初期	（名）	chūqī	initial stage
12. 起点	（名）	qǐdiǎn	origin; starting point
13. 志同道合		zhì tóng dào hé	have similar ideals and beliefs

注释：

第一桶金：一个创业概念，指创业过程中赚的第一笔钱。

大永分享他的创业心得

从总体来看，创业有利于我们的长远发展。不得不说的是，创业需要占用学生很多时间，在校大学生假如没有合理安排好自己的时间的话，创业受到影响不说，还会影响到自己的学业。但是创业是我们实现事业理想的一个过程。在这个过程中,我们需要去体验更多的艰辛,承受更大的压力。换句话说,创业其实就是在锻炼与提升我们独自应对挑战的能力。虽然很多大学生讲起理论来一套一套的,但是缺少实践经验,创业就是在为我们自己创造积累经验的机会。现在不少人都通过赚钱的多少来判断创业的成败,可我却觉得作为大学生的我们,能够一步一个脚印去实现自己的理想,用勤奋去为我们的将来拼搏,这才是创业带给我们的真正财富。

你准备好了没有?让我们一起开创一番属于自己的事业吧!

生词三

1.	分享	(动)	fēnxiǎng	to have a share in
2.	总体	(名)	zǒngtǐ	totality
3.	长远	(形)	chángyuǎn	long-term; long-range
4.	艰辛	(形)	jiānxīn	hard
5.	独自	(副)	dúzì	alone
6.	应对	(动)	yìngduì	to deal with
7.	脚印	(名)	jiǎoyìn	footprint; footmark; track
8.	勤奋	(形)	qínfèn	diligent
9.	拼搏	(动)	pīnbó	to go all out in work

10. 开创	（动）	kāichuàng	to initiate
11. 一番		yì fān	a dose of

练习

一、朗读句子,请注意语音语调

1. 咦？原先你不是说过要留在中国工作的吗？
2. 看来你是下定决心了,那你说说你都做了哪些准备了？
3. 请教谈不上。你先说说你的想法,我再看能不能帮你出谋划策。
4. 现在的婚庆公司还是挺多的,那你的公司有什么与众不同的地方吗？
5. 哪儿的话,也没帮上你什么。
6. 你准备好了没有？让我们一起开创一番属于自己的事业吧！

二、替换练习

1. 是这样的,<u>今年暑假我已经有安排了,明天我就不去招聘会了</u>。
   我周末已经约了同学,恐怕不能陪你去逛街了
   他这段时间急着找工作呢,就没空儿和我们一起去旅游了
   她前段时间生病请假了,所以没来上班

2. 创业确实是一个很大的挑战,但再难　　我　　　　　也不会动摇。
　　在上海世博会当志愿者很辛苦　辛苦　她　　　　坚持要去
　　这座山确实很高　　　　　　　高　　登山队员们　不会退缩
　　天气越来越冷了　　　　　　　冷　　运动员们　　要坚持训练

3. 不瞒你说,我　还　真没想好具体做什么呢!
　　　　　　　我　　不知道今后该怎么办呢
　　　　　　　我们　没决定要不要创业呢
　　　　　　　他　　挺有工作经验的

4. 等你赚到"第一桶金"了,再来　考虑扩大规模也不迟。
　　我们先调查一下具体情况　处理这个案子
　　人都到齐了　　　　　　　点菜
　　孩子学会走路　　　　　　让他们学跑步

5. 哪儿的话,也没帮上你什么。
　　　　　　你的实力比我强
　　　　　　送你回家是应该的嘛
　　　　　　朋友之间就别客气了

6. 创业受到影响　不说,还　会影响到自己的学业。
　　这家饭馆儿的饭菜味道好　特别实惠
　　买房花光了我的积蓄　　　欠了不少的债
　　运动对身体好　　　　　　能让人有一个好心情

7. 虽然很多大学生讲起理论来一套一套的,但是缺少实践的经验。
　　　他　　　　做菜　　　　做出来的菜却很难吃
　　　小李　　　足球　　　　他自己却踢得很烂
　　　哈利　　　炒股　　　　他自己其实很少能赚到钱

8. 从<u>总体</u>来看，<u>创业有利于我们的长远发展</u>。
   目前　　　　毕业生的就业压力还是挺大的
   以前的经验　这次生意成功的机会很大
   学生的角度　学校安排的校园招聘会非常好

三、根据所给词语完成对话

1. A：你觉得什么样的工作能吸引到人才？
   B：_____（前景）

2. A：这次公司分配给我们的这项工作很难啊，你怎么看？
   B：_____（挑战）

3. A：我打算过一段时间开一个自己的公司。
   B：_____（纸上谈兵）

4. A：你怎么来了，你不是说上次的事你一点儿错都没有的吗？
   B：_____（特地）

5. A：那么多的人来应聘这份工作，为什么你就选了那个年轻人呢？
   B：_____（与众不同）

6. A：我们公司领导只为公司制定了短期的发展计划。
   B：_____（长远）

7. A：我怎么总是看到李阳最后一个离开教室？
   B：_____（勤奋）

8. A：听说今天有一位成功的企业家来我们学校做讲座。
   B：_____（分享）

四、按照下面的提示复述课文

课文一

实习　招聘会　岗位　安排　原先　前景　是……不是

61

…… 白领 平坦 对我来说 挑战 纸上谈兵 不瞒你说 摸着石头过河 事不宜迟

课文二

稀客 特地 请教 出谋划策 婚礼 与众不同 西式特色 问卷 潜力 我记下了 贷款 初期 第一桶金 志同道合 哪儿的话 好消息

课文三

分享 心得 从总体来看 不得不说的是 ……不说,还…… 但是 艰辛 换句话说 独自 应对 一套一套的 实践 觉得 脚印 勤奋 财富 开创

五、根据下面的情景作对话练习

1. 内容：你和你的同学说说你所知道的创业故事。
   角色：你和你的同学
2. 内容：两个朋友在聊以后的就业理想。
   角色：两个朋友
3. 内容：你和你的朋友在谈对于一个创业者来说什么品质最重要。
   角色：你和你的朋友

六、请你说说

1. 创业和稳定的工作两者间你更愿意选择哪一个？为什么？
2. 你对哪一个行业比较感兴趣？

第七课

电动车王国

1. 你们国家最流行哪种公共交通工具?
2. 你们国家有没有以电池作为动力的汽车?
3. 你骑过电动车吗?

电动车王国

金大永:好帅的摩托车啊!李阳,不错嘛,已经升级为"有车一族"啦?

李　阳:这是哪儿的话啊?我可是标准的"三无青年",无房无车又无钱。这辆是电动车,上周百货商场搞促销的时候买的,挺划算的。

金大永:原来这是电动车啊?我说怎么没看到尾气呢。电动车好像在中国挺流行的,大街小巷到处都是。

李　阳：可不是嘛！以前都说中国是自行车王国,现在就快要变成电动车王国了。

金大永：电动车这么受欢迎,到底好在哪里啊？

李　阳：现在的汽油这么贵,谁加得起？电动车在哪儿都能充电,不用去加油站,不光省钱,还方便。

金大永：骑电动车要驾照吗？要接受专门的培训吗？

李　阳：没那么复杂,会骑自行车就会骑电动车。它比摩托车轻得多,而且速度没那么快,骑电动车没什么技术含量。

金大永：听你这么一说,我也有点儿手痒痒了。让我也试试,行不？

李　阳：这有什么不行的,咱俩谁跟谁啊？

（金大永小心翼翼地骑上电动车,一脸紧张的神情）

李　阳：大永啊,你放松点儿！知道的以为你在试车,不知道的还以为你在偷车呢。

（没过多久金大永就骑得很熟练了）

金大永：你别说,骑电动车真没想象的那么难,改天我也要买一辆。

生词一

1. 电动车	（名）	diàndòngchē	electric vehicles
2. 摩托车	（名）	mótuōchē	motorcycle

第七课 电动车王国

3. 升级		shēng jí	upgrade
4. 百货商场		bǎihuò shāngchǎng	department stores
5. 促销	（动）	cùxiāo	to promote
6. 划算	（形）	huásuàn	cost-effective
7. 尾气	（名）	wěiqì	end gas
8. 大街小巷		dàjiē xiǎoxiàng	all the streets
9. 王国	（名）	wángguó	kingdom
10. 充电		chōng diàn	to charge
11. 加油站	（名）	jiāyóuzhàn	gas station
12. 驾照	（名）	jiàzhào	driver's license
13. 培训	（动）	péixùn	to train
14. 含量	（名）	hánliàng	content
15. 小心翼翼		xiǎoxīn yìyì	with great care
16. 神情	（名）	shénqíng	look

注释：

手痒痒：比喻非常想亲自试一试。

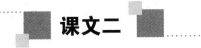

我也买了电动车

（学校门口，李阳碰见金大永骑着新买的电动车）

李　阳：你动作挺快的嘛，说买就买啊！

金大永：我这人就是个急性子。

李　阳：感觉怎么样？是不是方便了很多啊？

金大永：方便是挺方便的，就是慢了点儿。

李　阳：你还嫌慢啊？再快就是机动车了。

金大永：这个速度，在机动车道上骑吧，太慢，在自行车道上骑吧，又太快。

李　阳：你可不能只顾速度，不顾安全。保险起见，还是慢一点儿的好。千万不要违反交通规则，尤其不能闯红灯。"宁等一分钟，不抢一秒钟"！

金大永：我也不是小孩子了，这些我都懂。这两天我忽然想，以后买汽车，要买就买电动的。现在石油资源这么缺乏，电动汽车未来的市场肯定很广阔。

李　阳：别说以后了，现在市场上就已经有了，只是还不太多。新能源汽车研发的脚步越来越快，听说下周的车展上就会有不少国产的新能源汽车亮相呢。

金大永：车展？太好了！我们约几个朋友一起去看吧，顺便拍些名车的照片回来欣赏。

李　阳：你到时候可别光顾着拍美女模特儿，把汽车全抛在脑后了。

第七课　电动车王国

生词二

1. 急性子	（名）	jíxìngzi	impatient
2. 机动车	（名）	jīdòngchē	motor vehicle
3. 违反	（动）	wéifǎn	to violate
4. 规则	（名）	guīzé	rule
5. 闯	（动）	chuǎng	to rush
6. 抢	（动）	qiǎng	to rob; to grab
7. 资源	（名）	zīyuán	recourse
8. 未来	（名）	wèilái	future
9. 广阔	（形）	guǎngkuò	wide
10. 研发	（动）	yánfā	to research and develop
11. 脚步	（名）	jiǎobù	footstep
12. 车展	（名）	chēzhǎn	auto exhibition
13. 亮相		liàng xiàng	to make a stage pose
14. 欣赏	（动）	xīnshǎng	to appreciate
15. 模特儿	（名）	mótèr	model

注释：

抛在脑后：比喻把某事彻底忘记了。

课文三

车展归来

(金大永的日记)

这次车展真是让我大开眼界。各家厂商推出的新能源汽车,成为本次车展的最大亮点。新能源汽车的出现减轻了我们对汽油的依赖,从而大大降低了汽车尾气的排放量。在很多国家,纯电动汽车已经渐渐流行起来。听说在中国购买混合动力汽车和纯电动汽车,还能享受政府几万块的补贴呢。这样既经济又环保,真是一举两得,何乐而不为呢?我一向都走在时代的最前沿,这样的事怎么能落后呢?所以,我以后买车一定要买电动的。也许有人会担心充电不方便,洗车、下雨时会漏电等一系列问题,但是我们应该相信,高科技的发展一定会解决我们担心的种种问题,估计再过几年,电动汽车一定会像电动自行车一样在中国流行起来,到时候中国可就是名副其实的"电动车王国"了。

生词三

1. 归来　　　　（动）　　guīlái　　　　to back; to return
2. 大开眼界　　　　　　　dà kāi yǎn jiè　broaden one's horizon

第七课　电动车王国

3. 厂商　（名）　chǎngshāng　manufacturer
4. 推出　（动）　tuīchū　to launch; to release
5. 亮点　（名）　liàngdiǎn　highlight
6. 汽油　（名）　qìyóu　gasoline
7. 补贴　（名）　bǔtiē　subsidy
8. 一举两得　　　yì jǔ liǎng dé　serve two purposes
9. 前沿　（名）　qiányán　forefront
10. 漏电　　　lòu diàn　electric leakage
11. 系列　（名）　xìliè　series
12. 高科技　（名）　gāokējì　high-tech
13. 名副其实　　　míng fù qí shí　be worthy of the name

注释：

何乐而不为：为什么不快乐地做某事呢？意思是应该很高兴地做某事。

一、朗读下面的句子，请注意语音、语调

1. 这是哪儿的话啊？我可是标准的"三无青年"，无房无车又无钱。

2. 原来这是电动车啊？我说怎么没看到尾气呢。

3. 这有什么不行的？咱俩谁跟谁啊？

4. 大永啊,你放松点儿!知道的以为你在试车,不知道的还以为你在偷车呢。

5. 你动作还挺快的嘛,说买就买啊!

6. 这样既经济又环保,真是一举两得,何乐而不为呢?

二、替换练习

1. 这是哪儿的话啊? 我可是　　标准的"三无青年",无房无车又无钱。
　　　　　　　　　　　他　　　　名副其实的高材生
　　　　　　　　　　　我俩　　　不折不扣的网球迷
　　　　　　　　　　　我买的　　刚推出的高科技产品

2. 原来这是电动车啊?我说　怎么没看到尾气呢。
　　　小李生病了　　　　　他最近都没来上课呢
　　　小王要出国了　　　　他怎么这么开心啊
　　　小张和女朋友分手了　怎么叫他去吃饭他都不去呢

3. 知道的以为你在试车,不知道的还以为你在偷车呢。
　　　你们是好朋友　　　　你们是情侣呢
　　　你在讲道理　　　　　你吵架呢
　　　他在讲课　　　　　　他在说相声呢

4. 这个速度在机动车道上骑吧,太慢,在自行车道上骑吧,又太快。
　　　这件衣服给我穿　　　　小　给我妹妹穿　　　　大
　　　这个天气在屋里　　　　热　在外面　　　　　　冷
　　　从这条路走　　　　　　远　从那条路走　　　　堵

第七课　电动车王国

5. <u>你可不能</u>只顾<u>速度</u>,不顾 <u>安全</u>。
我们不能　　自己开心　　别人的感受
你千万不要　一时的利益　长远的发展
他们怎么能　赚钱　　　　孩子呢

6. 以后<u>买汽车</u>,要<u>买</u>就<u>买电动的</u>。
　　选工作　　选　选自己喜欢的
　　买家电　　买　买名牌的
　　找男朋友　找　找像他那样的

7. <u>这样</u>　既 <u>经济</u> 又 <u>环保</u>,真是一举两得,何乐而不为呢?
　　找个中国同学　能学习　　能交朋友
　　这么做　　　　帮助了别人　能让自己开心
　　骑自行车　　　环保　　　能锻炼身体

8. <u>我</u>一向都<u>走在时代的最前沿</u>,<u>这样的事</u> 怎么 <u>能落后呢</u>?
　他　　　是班里的第一名　　这次考试　　会考得这么糟糕
　我弟弟　很正直　　　　　　这种事　　　可能是他做的
　我同屋　不爱看书　　　　　这么好的文章　会是他写的

三、根据所给词语完成对话

1. A:为什么你QQ上的好多功能我的都没有啊?
   B:＿＿＿＿＿＿＿＿＿＿＿＿＿＿＿＿＿＿＿＿＿(升级)

2. A:我觉得这部手机挺好看的,但是价格要五千多块,你有什么建议吗?
   B:＿＿＿＿＿＿＿＿＿＿＿＿＿＿＿＿＿＿＿＿＿(划算)

3. A:＿＿＿＿＿＿＿＿＿＿＿＿＿＿＿＿＿＿＿＿＿(含量)
   B:哦,怪不得人们总说吃柠檬补充维生素C最有效。

4. A:听说小王被学校处罚了,你知道是为什么吗?

71

B: _____（违反）

5. A: _____（亮相）

　　B: 会跳舞的机器人？太有趣了！那我们一起去展会看看吧。

6. A: 昨天的少数民族歌舞表演，你觉得怎么样啊？

　　B: _____（大开眼界）

7. A: _____（亮点）

　　B: 原来小刘还这么会跳舞啊！下次晚会我也要去看看。

8. A: 听说苏州市区是全国河流最密集的地区。

　　B: _____（名副其实）

四、按照下面的提示复述课文

课文一

升级　有车一族　三无青年　电动车　百货商场　促销　划算　尾气　大街小巷　王国　充电　加油站　驾照　培训　含量　手痒痒　小心翼翼　神情

课文二

急性子　……是挺……的，就是……　机动车　……吧，太……，……吧，又太……　只顾……不顾……　起见　违反　闯红灯　石油资源　广阔　研发　脚步　车展　新能源汽车　亮相

课文三

大开眼界　厂商　推出　亮点　汽油　依赖　排放量　渐渐　补贴　这样　一举两得　何乐而不为　前沿　漏

第七课　电动车王国

电　系列　高科技　种种　名副其实

五、根据下面的情景作对话练习

1. 内容：两个朋友在讨论最环保的交通方式。
   角色：两个朋友
2. 内容：两个朋友讨论该不该为电动车设立专门的车道。
   角色：两个朋友

六、请你说说

1. 你现在想不想买一辆电动自行车作为你的交通工具，为什么？
2. 你以后买汽车的时候会不会选择电动汽车，为什么？
3. 你认为电动汽车最终会替代传统汽车吗？

七、辩论

题目：电动汽车的优点多还是缺点多。
正方：电动汽车的优点多。请说出理由。
反方：电动汽车的缺点多。请说出理由。

第八课

中医的奥秘

1. 你生病的时候看过中医吗?
2. 你知道中医的治疗方式有哪些吗?

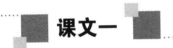

佳佳的建议

(周五,最后一节课下课了……)

黄佳佳:哈利,明天就是周末了,跟我一起去爬山怎么样?

哈　利:算了吧,这两天我累死了,好不容易到周末,我得好好休息一下。

黄佳佳:还别说,你的脸色真有点儿难看,你这是怎么了?

哈　利:还不都是赶论文赶的,上个礼拜不是我们交论文的截止日期吗?我啊,从早到晚都对着电脑,一天下来整个人腰酸背痛的。有时候还得熬夜呢!

第八课　中医的奥秘

黄佳佳：你说你,早干什么去了,之前不好好准备论文,现在把自己身体弄成这个样子。

哈　利：现在想想,我以前浪费那么多时间真是得不偿失啊!

黄佳佳：好了,你还是先把身体养好再说吧。我推荐你去尝试一下中医推拿。我之前尝试过一次推拿,觉得对缓解疲劳还是挺有效的。对了,中医推拿还能促进睡眠呢!

哈　利：听你这么一说,我还真迫不及待想去体验一下。你快告诉我哪里能找到中医推拿的地方。

黄佳佳：要不等我明天爬山回来我们一起去?

哈　利：好啊,一言为定!

生词一

1. 中医	(名)	zhōngyī	traditional Chinese medicine
2. 奥秘	(名)	àomì	profound mystery
3. 脸色	(名)	liǎnsè	complexion; look
4. 难看	(形)	nánkàn	ugly
5. 赶	(动)	gǎn	to rush for
6. 截止	(动)	jiézhǐ	end; close; cut off
7. 腰酸背痛		yāo suān bèi tòng	to have pains in the loins and back
8. 养	(动)	yǎng	to recuperate one's health
9. 推荐	(动)	tuījiàn	to recommend

10. 尝试	（动）	chángshì	to try
11. 推拿	（动）	tuīná	massage
12. 迫不及待		pò bù jí dài	unable to hold oneself back
13. 要么	（连）	yàome	or; either ... or ...
14. 一言为定		yì yán wéi dìng	it's a deal

课文二

哈利的第一次中医体验

(黄佳佳带着哈利来到了一家正规的中医院，找到了预约好的医生……)

黄佳佳：医生，您好！我朋友哈利最近身体不太舒服，想请您给他诊断一下。

医　生：好，你们先请坐！哈利，你觉得哪里不舒服？

哈　利：这些天我无论做什么，都觉得很吃力，而且一点儿食欲都没有。

医　生：这样啊，那你把舌头伸出来我看一下。还有你晚上休息得怎么样？

哈　利：医生，不瞒你说，我前段时间晚上都到很晚才睡。因为白天还要上课，所以我基本上每天都睡得很少。

医　生：哈利，由于你休息得不好，造成了过度的劳累，这损伤了你的肝脏。肝脏受损最直接的影响，就是不利于

第八课　中医的奥秘

排出身体里有毒的物质。你也应该早发现你的脸色很难看了吧？

哈　利：原来是这样，那医生你说我这个情况该怎么办呢？

医　生：我们会先给你做一个中医推拿，目的是让你的血液循环保持畅通，减少你肝脏的负担。还有你回家之后，凡是太辣的食物都不要吃，当然你还要保证充足的睡眠，这样就可以了。

哈　利：好，我回去之后一定注意。谢谢你，医生！

生词二

1. 正规	（形）	zhèngguī	regular; standard; normal
2. 预约	（动）	yùyuē	to make an appointment
3. 诊断	（动）	zhěnduàn	to diagnose
4. 吃力	（形）	chīlì	painful; be a strain
5. 食欲	（名）	shíyù	appetite
6. 过度	（形）	guòdù	intemperant; go too far
7. 劳累	（形）	láolèi	tired; overworked
8. 肝脏	（名）	gānzàng	hepar; liver
9. 毒	（名）	dú	poison
10. 畅通	（形）	chàngtōng	unimpeded; unblocked
11. 凡是	（副）	fánshì	every; any; all

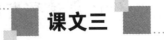

课文三

哈利谈中医

说实话,一开始我觉得中医挺神奇的,甚至感觉有点儿不可思议。一段时间接触下来,我才对中医有了一定的了解。中医是源于中国的传统治疗手段,已经有几千年的历史了。中医注重调节人体各个系统的平衡,从而达到预防和治疗的目的。针灸、食疗、推拿还有中草药,这些构成了中医的主要治疗手段。当你去看中医的时候,医生会观察你的气色,给你把脉,询问你的个人生活和饮食习惯,然后判断你身体的问题所在,再选择最佳的治疗方案。说了这么多,中医到底怎么个好法,还是得自己亲身去体验了才知道。

生词三

1. 不可思议		bùkě sīyì	incredible
2. 源于		yuányú	derive from
3. 注重	(动)	zhùzhòng	to lay stress on; to pay attention to
4. 系统	(名)	xìtǒng	system
5. 针灸	(名)	zhēnjiǔ	acupuncture and moxibustion
6. 食疗	(名)	shíliáo	food therapy

第八课　中医的奥秘

7. 中草药	（名）	zhōngcǎoyào	Chinese herbal medicine
8. 构成	（动）	gòuchéng	to constitute; to comprise
9. 把脉		bǎ mài	to feel the pulse; to take sb.'s pulse
10. 询问	（动）	xúnwèn	to inquire; to enquire
11. 所在	（名）	suǒzài	place; location
12. 最佳		zuì jiā	the best
13. 方案	（名）	fāng'àn	plan; scheme; programme

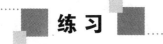

一、朗读句子，请注意语音语调

1. 还不都是赶论文赶的，上个礼拜不是我们交论文的截止日期吗？

2. 现在想想，我以前浪费那么多时间真是得不偿失啊！

3. 这些天我无论做什么，都觉得很吃力，而且一点儿食欲都没有。

4. 哈利，由于你休息得不好，造成了过度的劳累，这损伤了你的肝脏。

5. 中医是源于中国的传统治疗手段，已经有几千年的历史了。

6. 医生会观察你的气色，给你把脉，询问你的个人生活和饮食习惯，然后判断你身体的问题所在。

二、替换练习

1. 还别说,<u>你的脸色</u> 真 <u>有点儿难看</u>。

  他买的蛋糕 好吃

  医生开的药 管用

  今天的天气预报 挺准的

2. <u>脸色这么难看</u>,还不都是<u>赶论文赶</u>的。

  胃不舒服   喝酒喝

  衣服弄那么脏 踢球踢

  眼睛近视   玩儿游戏玩儿

3. 早干什么去了,之前不<u>好好准备论文</u>,现在把自己身体弄成这个样子。

  听我的劝   来找我已经来不及了

  肯花时间学习 要熬夜看书了

  帮我的忙   倒来求我帮忙

4. <u>你</u> 还是先把<u>身体养好</u> 再说吧。

  我   找份工作

  我们   研究研究

  这件事 让他考虑考虑

5. <u>一段时间接触下来</u>,我才 <u>对中医有了一定的了解</u>。

  一个学期学 同学们 慢慢喜欢上了汉语

  一整天做   他   完成了这项工作

  五个月研究 科学家们 解决了那个难题

第八课　中医的奥秘

6. 不瞒你说，<u>我前段时间晚上都到很晚才睡</u>。
　　　　我装修房子花完了所有的钱
　　　　这件事我谁也没告诉过
　　　　我们都讨厌那个新来的上司

7. 一开始我觉得<u>中医</u>挺　　<u>神奇</u>的。
　　　　汉语　　　　简单
　　　　那份工作　　容易
　　　　新来的同学　难相处

8. 说了这么多，<u>中医</u>到底怎么个好法，还是得<u>自己亲身去体验了</u>才知道！
　　　　瑜伽　　　　自己尝试了
　　　　那部电影　　自己看了
　　　　我们的产品　大家使用了

三、根据所给词语完成对话

1. A：我的文章还没写好，老师说最晚什么时候交？
   B：_____（截止）

2. A：我最近想看一些中国文学方面的书，你觉得哪些比较好？
   B：_____（推荐）

3. A：今年的NBA总决赛马上就要开始了。
   B：_____（迫不及待）

4. A：我们要采访的那位作家工作非常忙。
   B：_____（预约）

5. A：昨天那个男孩儿表演的魔术真是太精彩了！
   B：_____（不可思议）

6. A：顾客们对这家服装店非常满意。
   B：_____（注重）

7. A：我花在工作上的时间太多了,都没有时间陪家人了。

   B：_____（所在）

8. A：我们学校图书馆里的图书非常齐全,而且座椅感觉很舒适。

   B：_____（最佳）

四、按照下面的提示复述课文

课文一

爬山　算了吧　还别说　脸色　难看　赶论文　截止
熬夜　早干什么去了　得不偿失　尝试　推拿　缓解
有效　迫不及待　要不　一言为定

课文二

正规　预约　诊断　不舒服　无论……都……　吃力　食
欲　舌头　不瞒你说　因为……所以……　过度　损伤
原来是这样　血液循环　畅通　凡是　充足

课文三

说实话　一开始　神奇　不可思议　了解　源于　注重
平衡　从而　针灸　中草药　气色　把脉　所在　最佳
怎么个好法

第八课 中医的奥秘

五、根据下面的情景作对话练习

1. 内容：你和你的同学谈谈睡眠不足的危害。
   角色：你和你的同学
2. 内容：两个朋友在聊自己对中医中的哪一种治疗手段更好奇。
   角色：两个朋友
3. 内容：你和你的朋友在谈如何通过中医来了解中国文化。
   角色：你和你的朋友

六、请你说说

1. 你知道中医和西医的不同之处是什么吗？简单谈一下你的看法。
2. 你认为怎样才能让更多的人了解中医？说一下你的建议。

第九课

异性合租

1. 你喜欢什么样的居住形式(条件)?
2. 你喜欢跟别人合租吗?
3. 你了解异性合租吗?

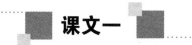

我想要异性合租

丽莎：我从学校宿舍搬出来了,在学校附近租了一个公寓。

芳子：是吗？怎么样？

丽莎：我住的这个公寓交通、环境、设施等等什么都好,就是开销太大,让我接受不了。

芳子：那你打算怎么办？

丽莎：所以我最近正在找合租的对象。

芳子：这可得好好儿找,千万不能找一个在性格、爱好等方面

第九课 异性合租

差距太大的人。

丽莎：我不光要看这个人的性格和爱好，还要看他的性别。

芳子：你这是什么意思？

丽莎：我决定找个男室友。

芳子：找男室友？这你可得慎重，千万别草率决定。

丽莎：正是由于我考虑清楚了，才下决心找男室友的。

芳子：你到底是怎么想的？

丽莎：第一，男生比较强壮，一起合租有安全感；第二，女生小心眼儿，喜欢嫉妒，男生大大咧咧，比较宽容，我们正好互补。

芳子：这样一来，你就不是一举两得，而是"一举三得"了。

生词一

1. 异性	（名）	yìxìng	the opposite sex
2. 合租	（动）	hézū	to joint rent
3. 设施	（名）	shèshī	installation; facilities
4. 开销	（名）	kāixiāo	pay expenses
5. 差距	（名）	chājù	gap
6. 性别	（名）	xìngbié	gender
7. 室友	（名）	shìyǒu	roommate
8. 草率	（形）	cǎoshuài	careless; perfunctory; rash

9. 强壮	（形）	qiángzhuàng	strong
10. 安全感	（名）	ānquángǎn	feeling of safety
11. 小心眼儿	（形）	xiǎoxīnyǎnr	narrow-minded
12. 嫉妒	（动）	jídù	be jealous of; envy
13. 互补	（动）	hùbǔ	relatively complement

课文二

异性合租的生活

芳子：丽莎，你的异性合租生活习惯吗？

丽莎：总的来说还可以，但是也有一些烦恼。

芳子：你们从不认识到两个人在一个空间里生活，难免会有一些矛盾。

丽莎：我们合租之前订了一个"合租协议"。

芳子：那就好办了。你们按照协议的规定生活不就行了。

丽莎：可是，我的室友偏偏是个粗心大意的人。

芳子：我想，异性合租并不容易，你们彼此体谅一下就好了。

丽莎：所以我也常常想：算了，忍一忍吧。"退一步海阔天空"嘛！可有些事真的忍无可忍。

芳子：什么事让你忍无可忍了？

丽莎：比如说协议规定房间各自打扫，客厅、厨房还有洗手间我俩分工打扫。

第九课 异性合租

芳子：这不是挺好的吗？

丽莎：可是问题在于他打扫过的地方依然是脏兮兮的，东西整理过后也依然是乱糟糟的。甚至有几次上完洗手间不冲水。因为这些我跟他谈了好几次了。

芳子：谈的结果怎么样？

丽莎：直到现在他还是老样子。

芳子：这就叫"江山易改，本性难移"！

生词二

1.	难免	（形）	nánmiǎn	hard to avoid
2.	规定	（名）	guīdìng	stipulation
3.	体谅	（动）	tǐliàng	to show understanding and sympathy
4.	海阔天空		hǎi kuò tiān kōng	unrestrained and far-ranging
5.	忍无可忍		rěn wú kěr ěn	beyond endurance
6.	各自	（代）	gèzì	respective
7.	分工		fēn gōng	division of labor
8.	依然	（副）	yīrán	still
9.	脏兮兮	（形）	zāngxīxī	dirty
10.	乱糟糟	（形）	luànzāozāo	in a mess
11.	冲水		chōng shuǐ	flush
12.	老样子		lǎo yàngzi	as before

注释：

退一步海阔天空： 在个人利益受到损害或个人利益与他人利益发生矛盾时，如果能退让一步，则我们的生活就会变得像大海和天空一样广阔，没有烦恼。

江山易改，本性难移： 人的本性的改变，比江山的变迁还要难。形容人的本性难以改变。

课文三

对异性合租的看法

（唐老师谈异性合租）

我听说我们学校有异性合租的学生，还多多少少引起了议论。今天，我也想谈谈对异性合租的个人看法。一些人总是觉得"异性合租"不可理解，其实"异性合租"很正常。但是，在这里我也要提醒准备异性合租的人：第一，对于社会上的闲言碎语，要有足够的心理准备；第二，找室友应该有自己的原则，最好是找兴趣爱好差不多的；第三，合租之前要有君子协议，协议越详细越好，最好各类开销都实行"AA"制，以免"吃人嘴软，拿人手短"。

总而言之，合租人应该互相尊重对方，不要干涉对方的隐私。一个好室友，不仅能和你朝夕相处，而且还有可能成为你的终身好友。

第九课　异性合租

生词三

1. 多多少少		duōduō shǎoshǎo	unavoidable
2. 议论	（动）	yìlùn	to discuss
3. 提醒	（动）	tíxǐng	to remind
4. 闲言碎语		xián yán suì yǔ	gossip
5. 足够	（形）	zúgòu	sufficient
6. 原则	（名）	yuánzé	principle
7. 君子协议		jūnzǐ xiéyì	gentlemen's agreement
8. 隐私	（名）	yǐnsī	privacy
9. 朝夕相处		zhāoxī xiāngchǔ	be together morning and night
10. 终身	（名）	zhōngshēn	lifelong

注释：

吃人嘴软，拿人手短：拿了别人的东西或受了好处，就要对别人客气点或者要为别人完成某件事。

练习

一、朗读句子,请注意语音语调

1. 这可得好好儿找,千万不能找一个在性格、爱好等方面差距太大的人。
2. 我不光要看这个人的性格和爱好,还要看他的性别。
3. 这样一来。你就不是一举两得,而是"一举三得"了。
4. 那就好办了。你们按照协议的规定生活不就行了。
5. 所以我也常常想:算了,忍一忍吧。"退一步海阔天空"嘛!
6. 可是问题在于他打扫过的地方依然是脏兮兮的,东西整理过后也依然是乱糟糟的。

二、替换练习

1. <u>我住的这个公寓</u>交通、环境、设施等等什么都好,就是<u>开销太大</u>,让我接受不了。

住在郊区	交通不太方便
她那个人	花钱大手大脚的
这家公司	经常加班,让我受不了

2. <u>这可得好好儿找,千万不能找一个在性格、爱好等方面差距太大的人。</u>

我们要	学习、生活	都让父母放心
我朋友	专业、特长	都符合IT公司的要求
作为大学生应该	身体、心理	都健康发展

第九课 异性合租

3. 我不光要看这个人的性格和爱好,还要看他的性别。
    听父母的意见   听朋友的意见
    去中国的南部   走遍中国的名山大川
    交中国朋友   积极地跟他们交流

4. 正是由于我充分考虑清楚了,才下决心找男室友的。
    他非常了解我   要跟我一起创业的
    我们没有这方面的经验 需要他们的帮助
    气候变暖   导致了很多自然灾害的发生

5. 总的来说还可以,但是也有一些烦恼。
      我认为还要研究研究
      还有一些不完美的地方
      他还是不太满意

6. 那就好办了。你们按照协议的规定生活不就行了。
      你们一起去旅行
      他看完了你再看
      放假期间去打工

7. 可是,问题在于他打扫过的地方依然是脏兮兮的,东西整理过后也依然是乱糟糟的。
      光靠我们的力量是不能做好这项工作的
      他光喜欢吃中餐而不喜欢吃西餐
      他的性格不太好,根本不会宽容别人

8. 找室友应该有自己的原则,最好是找兴趣爱好差不多的。
  去旅行 多了解旅行路线 和旅行团一起去
  在公司 认真工作   主动多做工作
  你   结婚了   今年内就结婚

三、根据所给词语完成对话

1. 你认为这次试验失败的原因是什么？
   _____（草率）

2. 你为什么找了一个比你大很多的男朋友？
   _____（安全感）

3. 你和她不是好朋友吗？最近怎么不说话了？
   _____（嫉妒）

4. 听说你最近在和人一起合租，过得习惯吗？
   _____（难免）

5. 我真不明白，他怎么又辞职了啊？
   _____（忍无可忍）

6. 我和女朋友最近总是为了一点儿小事吵架，所以我很不开心。
   _____（体谅）

7. 你最近怎么很晚才回家？有什么秘密，快如实招来。
   _____（干涉）

8. 你怎么这么了解你的同屋啊？
   _____（朝夕相处）

四、按照下面的提示复述课文

课文一

异性　合租　设施　什么都好,就是……　开销　千万不能……　差距　不光……还　性别　室友　慎重　草率　正是由于……才……　强壮　安全感　小心眼儿　嫉妒　大大咧咧　宽容　互补　一举两得

第九课 异性合租

课文二

总的来说还可以,但是……　难免　矛盾　规定　不就行了　偏偏　粗心大意　彼此　体谅　海阔天空　忍无可忍　各自　分工　问题在于　依然　脏分分　乱糟糟　冲水　直到现在　老样子　江山易改,本性难移

课文三

异性合租　多多少少　议论　提醒　闲言碎语　足够　原则　最好(是)　君子协议　吃人嘴短,拿人手软　干涉　隐私　朝夕相处　不仅能……而且还有可能……　终身

五、根据下面的情景作对话练习

1. 内容:你跟你的朋友谈你同屋或室友的情况。
   角色:两个朋友
2. 内容:你问你的朋友合租的生活怎么样。
   角色:两个朋友

六、请你说说

1. 你对异性合租是赞成的态度还是反对的态度?
2. 你的朋友之中有没有与异性合租的?说说他们的情况。
3. 谈谈你喜欢什么样的居住环境和条件。

七、辩论

正方：赞成异性合租。因为异性合租不仅有利于减少开销，还可以因为性别的特点互补，使生活更美好。

反方：不赞成异性合租。因为异性合租会引起人们的误会，还会使日常生活因为性别的原因造成很多不太方便的地方。

第十课

春 运

1. 你在中国坐过火车吗？留给你的印象是什么？
2. 在你们国家，什么时候坐火车的人最多？
3. 你有没有过买不到火车票的经历？

中国的春运

哈利：马上就要放寒假了，我想趁这个机会好好儿在中国转一转。

李阳：你想趁寒假在中国旅游？我没听错吧？

哈利：你这话问的……难道有什么不妥吗？

李阳：对了，你肯定没见识过中国的春运，怪不得呢！

哈利：春运？听起来似乎和春节有什么联系，我没猜错吧？

李阳：果然是高才生啊！一点儿也没错。春运简直就是中国春节的一大特色!

哈利:为什么说春运是中国春节的一大特色呢?

李阳:过春节的时候,在外地工作生活的人会回老家和亲人团圆。随之而来的是交通运输的高峰,这就是春运。

哈利:我还没有机会见过中国春运时的情景呢。

李阳:那时候火车站人山人海,坐没地儿坐,站没地儿站,真是一点儿都动弹不得。

哈利:到了中国,没坐过中国的火车,怎么能算来过中国呢?其实,我还挺想坐火车感受一下,亲眼看看春运,毕竟这也是中国特色的一部分。

李阳:你的想法挺有意思的。不过现实可没想象的那么简单、有趣。能不能坐上火车,关键还要看你能不能买上车票呢。

生词一

1. 寒假　　(名)　　hánjià　　　winter holiday
2. 转　　　(动)　　zhuàn　　　to travel around
3. 不妥　　　　　　bù tuǒ　　　to improper
4. 见识　　(动)　　jiànshi　　　experience
5. 似乎　　(副)　　sìhū　　　　seemed
6. 特色　　(名)　　tèsè　　　　specialty

7. 团圆	（动）	tuányuán	to have a reunion
8. 随之而来		suí zhī ér lái	to come following by it
9. 高峰	（名）	gāofēng	summit
10. 人山人海		rén shān rén hǎi	huge crowds
11. 动弹	（动）	dòngtan	to move
12. 感受	（动）	gǎnshòu	to feel
13. 亲眼	（副）	qīnyǎn	by one's own eyes
14. 现实	（名）	xiànshí	reality

注释：

春运：即春节运输，是中国在春节前后出现的一种大规模的高交通运输压力的现象。以春节为中心，共40天左右，由国家发改委统一发布，国家铁路、交通和民航部门按此进行专门运输安排的全国性交通运输高峰叫做春运。

高才生：学习好、学历高在某些方面取得突出成绩的人。

课文二

买票的烦恼

李阳：嗨，哈利，你怎么这么垂头丧气的啊？

哈利：你可别提了，我刚才去火车站排队买票。票没买上，气倒生了一肚子。

李阳：现在快到春节了，火车票是不好买。

哈利：谁说不是呢？今天我一大早就到了火车站,结果发现,售票窗口前面已经排起了长龙。我排了一个小时的队才排到跟前,谁知道售票员说没有票了。

李阳：谁让你不听我的劝呢？

哈利：现在买火车票实行"实名制"了,我觉得"买票难"的情况应该会有所好转的,谁知还是这么难。

李阳：票没买上就没买上呗,你生这么大的气干吗呀？

哈利：买火车票实在是浪费人力,浪费时间,坐火车有些得不偿失！

李阳：原来你是因为这个问题啊。春节期间确实一票难求。对了,你可以试试网上订票或者电话订票。

哈利：不管是网络订票还是电话订票,如果春运出行的乘客太多,"买票难"的情况就很难好转,乘客的利益就很难保障。不过,说来说去,都是我自寻烦恼！

李阳：生气归生气,饭还是要吃的嘛！走,我们现在吃饭去吧！

生词二

1. 烦恼	（名）	fánnǎo	annoyance
2. 垂头丧气		chuí tóu sàng qì	dejected
3. 售票		shòu piào	ticket sales
4. 窗口	（名）	chuāngkǒu	window

5. 长龙	（名）	chánglóng	long queue
6. 跟前	（名）	gēnqián	near
7. 人力	（名）	rénlì	labor force
8. 得不偿失		dé bù cháng shī	the loss outweighs the gain
9. 乘客	（名）	chéngkè	passenger
10. 好转	（动）	hǎozhuǎn	turn better
11. 利益	（名）	lìyì	benefit
12. 寻	（动）	xún	to search

注释：

实名制：办理和进行某项业务时需要提供有效的能证明个人身份的证件或资料。

一票难求：想买到一张票都很困难。

购票实名制

　　火车是人们出行最重要的交通工具。尤其是在春节长假、"十一"黄金周这样全民出行的高峰时期，铁路运输的压力最大。所以在这时往往会出现"一票难求"的现象，一方面是由于客流量的迅速增加，另一方面也是由于"黄牛"倒卖车票，造成许多人购票无门。为了打击"黄牛"，有人提出，购买火车票应该模仿购买飞机票，用真实的身份登记。现在购买车票和上车时需要出示身份证等证件,大多数民众都十分欢迎这项制度,但是也有人提出疑问,担心实名制购票会对出行者造成一些不便。

生词三

1. 长假	(名)	chángjià	long vocation
2. 运输	(名)	yùnshū	transportation
3. 客流	(名)	kèliú	passenger flow
4. 迅速	(副)	xùnsù	rapidly
5. 倒卖	(动)	dǎomài	to resale
6. 打击	(动)	dǎjī	to combat
7. 模仿	(动)	mófǎng	to imitate
8. 登记	(动)	dēngjì	to register
9. 出示	(动)	chūshì	to show
10. 证件	(名)	zhèngjiàn	credentials
11. 不便	(名)	búbiàn	inconvenience

第十课 春 运

注释:

黄牛: 就是俗称的"票贩子"。比如,以前春运期间,黄牛会囤积大量的火车票,然后再加价销售。

XX(动词)无门: 想要做某事,却没有途径。

练 习

一、朗读下面的句子,请注意语音、语调

1. 你这话问的……难道有什么不妥吗?
2. 肯定没见识过中国的春运,怪不得呢!
3. 那时候火车站人山人海,坐没地儿坐,站没地儿站,真是一点儿都动弹不得。
4. 票是没买上,气倒生了一肚子。
5. 谁说不是呢?今天我一大早就到火车站,结果发现,售票窗口前面已经都排起了长龙。
6. 生气归生气,饭还是要吃的嘛!

二、替换练习

1. <u>火车站坐没</u> <u>地儿坐,站没</u> <u>地儿站,真是一点都动弹不得。</u>

  家里 吃 东西吃,喝 东西喝 真的没办法招待客人

  老师 写 纸写,看   书看 心情非常烦躁

  我们 练 时间练,比 心情比 所以比赛的结果可想而知

2. 到了中国，没坐过中国的火车，怎么能算来过中国呢？

　　看中国电影　　看　功夫片　　　　看过中国电影
　　吃四川菜　　　吃　宫保鸡丁　　　吃过四川菜
　　当记者　　　　写　新闻　　　　　当过记者

3. 你能不能坐上火车，关键还要看你能不能买上票。

　　中国队　进决赛　　　　　这场比赛的结果
　　他　　　通过考试　　　　他能不能认真准备
　　我　　　同意你去　　　　你的态度怎么样

4. 票没买上就没买上呗，你生这么大的气干吗呀？

　　错了　　　错了　　　以后还有机会可以改正
　　小旅馆　　小旅馆　　总比没地方住强
　　不及格　　不及格　　反正还有一次补考的机会

5. 说来 说去，都是我自寻烦恼。

　　找　　找　　　没有什么用的资料
　　我忙　忙　　　为了咱们这个家庭
　　我看　看　　　我不认识的人

6. 谁说不是呢？今天我一大早就到了火车站，结果发现，售票窗口前面已经排起了长龙。

　　　　　　工作竞争越来越激烈了
　　　　　　朋友总是在你需要帮助的时候出现
　　　　　　真是江山易改本性难移

7. 谁让你不听我的劝呢？

　　　　他不好好儿工作
　　　　你吃那么多冰激凌
　　　　你买东西贪便宜

8. 生气归生气，饭还是要吃的嘛！

难过　难过　觉　　　睡的
累　　累　　书　　　看的
忙　　忙　　家　　　回的

三、根据所给词语完成对话

1. A：_____（见识）
   B：我也觉得旅游可以让人开阔眼界。
2. A：你的穿着好像和今天的活动不太符合。
   B：_____（不妥）
3. A：你怎么知道哈利买电动自行车了？
   B：_____（亲眼）
4. A：我上星期运动时摔倒了，现在腿还很疼呢。
   B：_____（得不偿失）
5. A：现在，中国大部分节假日期间高速公路实行免费通行。
   B：_____（好转）
6. A：我昨天晚上熬夜看电影了，现在觉得很没精神。
   B：_____（保障）
7. A：你的篮球怎么总是打得不太好？
   B：_____（打击）
8. A：哈利，你给大家表演一个节目吧！
   B：_____（模仿）

四、按照下面的提示复述课文

课文一

转一转　推荐　寒假　不妥　见识　春运　团圆　随之而来　高峰　人山人海　感受　能不能……关键看……

课文二

垂头丧气　……没……,……倒……　长龙　跟前　谁让你……呢　一票难求　实名制　好转　说来说去,都是……　……归……,……还是要……　保障

课文三

出行　交通工具　高峰　一票难求　客流量　倒卖　购票无门　模仿　身份　登记　实名制　出示　欢迎　疑问　打击　不便

五、根据下面的情景作对话练习

1. 内容：三个留学生在讨论自己国家长假期间的交通问题。
   角色：三个留学生
2. 内容：两个留学生讨论自己在中国遇到的交通问题。
   角色：两个留学生

六、请你说说

1. 你喜欢乘坐哪种交通工具？为什么？
2. 你怎么看待"火车票实名制"？

第十一课

今天你"低碳"了吗?

热身

1. 你知道是什么导致气候变暖吗?
2. 你知道什么是"低碳"吗?

课文一

过一个低碳周末

(周六早上,李阳推着自行车出门时,刚好遇到了哈利……)

哈利:李阳,你这是去哪儿?

李阳:我今天约了几个同事一起去森林公园烧烤。

哈利:怪了,你平时不是到哪儿都开车去的吗?今天真是太阳从西边出来了。

李阳:以前是以前,现在是现在。现在大家都在倡导低碳生活,我也得拿出实际行动来,不能空口说白话啊!

哈利：就凭你一个人，怎么能改变现状呢？有没有想过号召身边的人一起加入到低碳的队伍里来？

李阳：谁说不是呢，一个人的力量是挺有限的。你说的我也想过，但一直找不到合适的机会。

哈利：我们社区正准备搞一个有关低碳的主题活动，动员大家一起保护我们居住的环境。你愿意参加这个活动吗？

李阳：是嘛？那真是再好不过了，我举双手赞成！

哈利：那到时我通知你。对了，可以的话，我们还想让你在活动的时候做个简短的演讲，就谈谈你对低碳的看法。

李阳：没问题，我这两天就抽空儿找点儿资料。时间差不多了，我得走了。

哈利：行，那我们回头再聊！

生词一

1. 低碳	（形）	dītàn	low-carbon
2. 刚好	（副）	gānghǎo	it so happened that; happen to
3. 烧烤	（名）	shāokǎo	barbecue
4. 倡导	（动）	chàngdǎo	to advocate
5. 号召	（动）	hàozhào	to call on
6. 身边	（名）	shēnbiān	by one's side
7. 队伍	（名）	duìwu	team

第十一课 今天你"低碳"了吗?

8. 有限	(形)	yǒuxiàn	limited
9. 社区	(名)	shèqū	community
10. 动员	(动)	dòngyuán	to mobilize; to arouse
11. 赞成	(动)	zànchéng	to agree with; in favour of
12. 演讲	(动)	yǎnjiǎng	to make a speech

注释:

空口说白话：形容只说而不干，或只说而没有事实证明。

太阳从西边出来了：表示对出现的某个好现象感到十分意外。含有怀疑的语气。

一场有关低碳生活的辩论

(在教室里，留学生分成了正方、反方两个小组，对低碳生活展开辩论)

主持人：首先我简单介绍一下今天的正方和反方。正方，支持低碳生活；反方，反对低碳生活。好，辩论正式开始！

正　方：我们要知道，低碳是一种绿色、健康、环保的生活方式。它呼吁人们节约资源，保护环境。毫无疑问，我们应该支持低碳生活！

反　方：可我们舒适的生活离不开能源。别的不说，就说家电吧，哪样不用电？这就是说，低碳生活其实是要求我们降低生活水平,我们何必自讨苦吃呢?

正　方:更准确地说,低碳生活是节约资源的生活习惯,并不是让你刻意去放弃生活的享受。

反　方:那我们来谈谈饮食吧,我们很多人都喜欢吃肉,而低碳生活要求我们少吃肉,多吃素。

正　方:对于现代人来说,多吃素可以帮助我们预防"富贵病",何乐而不为呢?

反　方:现在看来,低碳生活只是一种设想,对我们来说还是遥不可及的。

正　方:话不能这样说,只要我们能从生活的细节出发,多节约、少浪费,这就是最简单的低碳生活。

主持人:时间到,谢谢双方的精彩辩论!

生词二

1. 绿色	（形）	lǜsè	environmental friendly
2. 环保	（形）	huánbǎo	environmental protection
3. 呼吁	（动）	hūyù	to call on
4. 毫无疑问		háowú yíwèn	beyond doubt
5. 舒适	（形）	shūshì	comfortable
6. 家电	（名）	jiādiàn	household electric appliance
7. 何必	（副）	hébì	not necessary

第十一课 今天你"低碳"了吗?

8. 自讨苦吃		zì tǎo kǔ chī	look for trouble
9. 刻意	(副)	kèyì	intentionally
10. 饮食	(名)	yǐnshí	food and drink
11. 素	(名)	sù	vegetable
12. 遥不可及		yáo bù kě jí	out of reach
13. 细节	(名)	xìjié	detail
14. 浪费	(动)	làngfèi	to waste

注释:

富贵病:富贵病是人们生活富裕后,吃得好,活动量减少,从而产生的一些疾病。比如:糖尿病、高血压等。

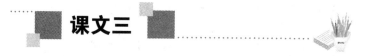

李阳的心里话

作为一个低碳族,我想跟大家说的是,提倡低碳生活是我们应有的生活态度,与能力的大小无关。虽然,现在低碳还没有在公众中普及开来,但是政府、企业非常重视低碳事业的发展,民间对和低碳有关的话题也越来越关注,这说明低碳已经渐渐走进我们的生活。而且我们只要细心观察,就能在日常生活中找到实践低碳的机会。比如,少开会儿空调,骑自行车上班之类的生活小细节。尽管我们以前不把这些细节当回事,甚至还嫌它们太麻烦了,但就是因为这些细节,我们才没有白白浪费掉宝贵的资源,所以我坚信,在不久的将来低碳必定能成为一种时尚。

让我们一起加入到低碳的行列中来,成为快乐的"低碳一族"!

生词三

1. 作为	(介)	zuòwéi	as
2. 族	(名)	zú	a class of things with common features
3. 提倡	(动)	tíchàng	to encourage; to advocate; to promote
4. 公众	(名)	gōngzhòng	the public
5. 普及	(动)	pǔjí	to popularize
6. 企业	(名)	qǐyè	enterprise
7. 细心	(形)	xìxīn	careful; attentive
8. 观察	(动)	guānchá	to observe
9. 实践	(动)	shíjiàn	practice
10. 之类		zhīlèi	and the like
11. 白白	(副)	báibái	in vain; to no purpose
12. 宝贵	(形)	bǎoguì	valuable; precious
13. 坚信	(动)	jiānxìn	firmly believe
14. 必定	(副)	bìdìng	be sure to undoubtedly

第十一课 今天你"低碳"了吗?

| 15. | 加入 | （动） | jiārù | to join in |
| 16. | 行列 | （名） | hángliè | procession; team |

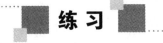

一、朗读句子,请注意语音语调

1. 怪了,你平时不是到哪儿都开车去的吗?
2. 现在大家都在倡导低碳生活,我也得拿出实际行动来,不能空口说白话啊!
3. 你有没有想过号召身边的人一起加入到低碳的队伍里来?
4. 别的不说,就说家电吧,哪样不用电?
5. 对于现代人来说,多吃素可以帮助我们预防"富贵病",何乐而不为呢?
6. 让我们一起加入到低碳的行列中来,成为快乐的"低碳一族"!

二、替换练习

1. <u>可我们舒适的生活离不开能源</u>,别的不说,就说 <u>家电</u> 吧,<u>哪样不用电</u>?
  任何一种工作都要细心　　医生　　给人治病可不能出错!
  他在练习口语上花了很多的功夫 双休日 哪回他不是在教室里度过的?
  他这么年轻就获得了很多大奖 这次的发明奖 能得到非常不容易。

111

2. 我也得 拿出实际行动来, 不能空口说白话啊!
   找自己住的地方 老住在朋友那里
   好好学习   再浪费时间了
   出去找工作   光待在家里

3. 就凭你一个人, 怎么能改变现状呢?
   这么点儿钱   买房子
   这样的广告   吸引消费者
   你这样的成绩 上好学校

4. 我 可不把 这些细节 当回事, 甚至还嫌它们太麻烦了。
  他   学习   经常逃学
  啃老族   工作   想着一直靠父母生活
  那些工厂的老板 保护环境   往河里排放未处理的污水

5. 以前 是 以前, 现在 是 现在。现在大家都在倡导低碳生活, 我也得拿出实际行动来, 不能空口说白话啊!
  说 说 做 做 光说不做是没用的
  私事 私事 公事 公事 要分清楚才能把事情做好
  讲 讲 听 听 父母说的不对的地方, 我们也不一
            定要听他们的

6. 那   真是再好不过了!
  你能跟我一起做这项工作
  你能借给我电脑
  我们能一起为他送行

第十一课　今天你"低碳"了吗?

7. 话不能这样说,<u>只要我们能从生活的细节出发,多节约、少浪费,这就是最简单的低碳生活。</u>

　　　　　　老师对我们严格也是为了我们好
　　　　　　他又不是故意弄坏这个笔记本电脑的
　　　　　　工作的时候认真点儿总是好的

8. <u>提倡低碳生活是我们应有的生活态度,与能力的大小无关。</u>
　　能够获得冠军是一个队伍的实力　　　运气的好坏
　　是我自己不小心才出错的　　　　　　别人
　　这本小说是写朋友之间的友情的　　　爱情

三、根据所给词语完成对话

1. A:我说好要帮哈利把书送到办公室,但是现在有事走不开。
   B:＿＿＿＿＿＿＿＿＿＿＿＿＿＿＿＿＿＿＿＿＿＿＿＿＿＿＿(刚好)

2. A:我们需要更多人来参加这次保护环境的公益活动。
   B:＿＿＿＿＿＿＿＿＿＿＿＿＿＿＿＿＿＿＿＿＿＿＿＿＿＿＿(号召)

3. A:每次出差在外的时候,我都会非常想家。
   B:＿＿＿＿＿＿＿＿＿＿＿＿＿＿＿＿＿＿＿＿＿＿＿＿＿＿＿(舒适)

4. A:医生说我是由于肥胖才患上了高血压的。
   B:＿＿＿＿＿＿＿＿＿＿＿＿＿＿＿＿＿＿＿＿＿＿＿＿＿＿＿(素)

5. A:我刚毕业的时候,不知道怎么把学到的东西用到工作中去。
   B:＿＿＿＿＿＿＿＿＿＿＿＿＿＿＿＿＿＿＿＿＿＿＿＿＿＿＿(实践)

6. A:我最近在工作上总是犯这样那样的错误。
   B:＿＿＿＿＿＿＿＿＿＿＿＿＿＿＿＿＿＿＿＿＿＿＿＿＿＿＿(细心)

7. A:篮球比赛中,为什么观众在对手罚球的时候那么吵呢?
   B:＿＿＿＿＿＿＿＿＿＿＿＿＿＿＿＿＿＿＿＿＿＿＿＿＿＿＿(刻意)

8. A:虽然社会在不断地发展,但还是有很多人生活得很艰苦。
   B:＿＿＿＿＿＿＿＿＿＿＿＿＿＿＿＿＿＿＿＿＿＿＿＿＿＿＿(呼吁)

四、按照下面的提示复述课文

课文一

刚好　烧烤　太阳从西边出来了　倡导　空口说白话　现状　号召　队伍　谁说不是呢　有限　社区　动员　再好不过了　赞成　演讲　抽空儿　资料　回头

课文二

辩论　正方　反方　绿色　呼吁　毫无疑问　舒适　家电　这就是说　何必　自讨苦吃　准确　刻意　享受　饮食　富贵病　遥不可及　细节

课文三

心里话　作为　低碳族　提倡　态度　企业　民间　关注　渐渐　只要……就……　比如　不把……当回事　甚至　嫌　白白　宝贵　坚信

五、根据下面的情景作对话练习

1. 内容：你和你的同学谈谈气候变暖的危害。
   角色：你和你的同学
2. 内容：两个朋友在聊倡导低碳生活的好处。
   角色：两个朋友
3. 内容：你和你的朋友在谈用什么方法可以更好地号召人们低碳环保。
   角色：你和你的朋友

六、请你说说

1. 你参加过公益活动吗？简单介绍一下。
2. 你有什么更加低碳、更加环保的建议吗？

第十二课

达人秀

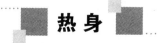

1. 你喜欢看选秀节目吗?
2. 你看过中国的达人秀吗?
3. 你最喜欢达人秀里的哪位选手?

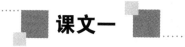

你也能当大明星

(哈利在留学生活动中心练吉他时碰见了李阳)

李阳:这不是哈利吗?真没想到,你还会弹吉他呢?你唱歌又好,街舞又棒,再加上弹吉他,真算得上是多才多艺啊!

哈利:你快别夸我了,我都不好意思了。这些都是我的兴趣爱好而已,要说水平嘛,其实真不怎么样。

李阳:你什么时候这么谦虚起来了?你长得英俊,又多才多艺,真应该去参加"达人秀",说不定一不小心就成了大

第十二课 达人秀

明星呢!

哈利:你可别抬举我了,像我这样的普通小人物,哪能当得了明星啊?

李阳:普通人怎么就当不了明星了?"达人秀"节目开办的目的,就是让普通人站上梦想的舞台,展示自己的才能。

哈利:别看我平常大大咧咧的,好像天不怕地不怕,实话告诉你吧,也不怕你笑话,其实让我上台表演,我还真有点儿哆嗦。

李阳:你怕什么呀?你看人家"菜花甜妈"。一个普普通通的卖菜大妈都能站在台上那么勇敢地表现自己,你怎么就不能呢?

哈利:"菜花甜妈"我倒不知道,但我知道英国有个"苏珊大妈"。

李阳:好多网友都拿她们俩做比较呢。这个"菜花甜妈",是自学成才唱美声的,听说她们俩还有可能同台演出呢。

生词一

1. 吉他	(名)	jítā	guitar
2. 多才多艺		duō cái duō yì	versatile
3. 谦虚	(形)	qiānxū	modest
4. 英俊	(形)	yīngjùn	handsome

5. 抬举	（动）	táiju		to flatter
6. 小人物	（名）	xiǎorénwù		a nobody
7. 普通人	（名）	pǔtōngrén		average person
8. 开办	（动）	kāibàn		to set up
9. 梦想	（名）	mèngxiǎng		dream
10. 展示	（动）	zhǎnshì		to show; to demonstrate
11. 大大咧咧	（形）	dàdaliēliē		careless and casual
12. 上台		shàng tái		appear on the stage
13. 哆嗦	（动）	duōsuo		tremble
14. 勇敢	（形）	yǒnggǎn		brave
15. 自学成才		zì xué chéng cái		become talented through self-study
16. 美声	（名）	měishēng		bel canto
17. 同台	（动）	tóngtái		to share a stage

注释：

天不怕地不怕：比喻人胆子很大，不害怕任何事情。

开心第一，比赛第二

哈利：李阳，上次你提起的"达人秀"我回去看了，真是太精彩了！

第十二课 达人秀

李阳：我就知道你肯定喜欢。这个节目现在特别火,收视率可高了！我的爸爸妈妈和亲戚朋友都喜欢看。

哈利：上周播的是总决赛,每个参赛选手的实力都很强,真是难分高下。不过,冠军最终只能有一个,菜花甜妈只拿了个亚军,真替她觉得可惜。

李阳：可惜什么啊？我觉得参加这种节目是"开心第一,比赛第二"。"达人秀"是实现梦想、展示自己的舞台,让大家都看到你的才华和魅力才是真正的目的。

哈利：嗯,你说的也挺有道理的。人的确不能太看重名次,多关注过程才能活得更有意义。

李阳：这就对了。那我们上次说的参加"达人秀"的事,你考虑得怎么样啦？

哈利：开什么玩笑,就我？还是算了吧。上次看了总决赛,我简直是自惭形秽！就拿冠军卓君来说吧,我的街舞水平跟人家根本就不是一个层次的。

李阳：什么层次不层次啊,我看都是借口。刚才还说不能看重名次,现在怎么又自相矛盾啦？

哈利：这个嘛……哈哈,说起来容易,做起来难嘛！

李阳：别在这儿犹豫不决的了,我很看好你呢！咱们说去就去,我这就带你报名去！

生词二

1. 提起	（动）	tíqǐ	to mention
2. 收视率	（名）	shōushìlǜ	audience rating
3. 播	（动）	bō	broadcast
4. 总决赛	（名）	zǒngjuésài	final
5. 难分高下		nán fēn gāo xià	hard to tell which is better
6. 冠军	（名）	guànjūn	champion
7. 最终	（形）	zuìzhōng	ultimate
8. 亚军	（名）	yàjūn	runner-up
9. 才华	（名）	cáihuá	talent
10. 魅力	（名）	mèilì	charm
11. 看重	（动）	kànzhòng	regard as important
12. 名次	（名）	míngcì	ranking
13. 自惭形秽		zì cán-xíng huì	have a sense of inferiority
14. 街舞	（名）	jiēwǔ	street dancing
15. 层次	（名）	céngcì	level
16. 自相矛盾		zìxiāng máodùn	self-contradiction
17. 看好	（动）	kànhǎo	to look to further increase

第十二课 达人秀

课文三

达人秀的精神

（哈利的日记）

我最终在李阳的劝说下参加了"达人秀"的选拔。你们猜最后结果怎么样？哎，当然是名落孙山啦。不过没有关系，这个结果我早就料到了。这点小挫折对我来说根本不算什么。"人生不如意事十有八九"，怎么会事事都顺着自己的意愿呢？就算失败了又怎样，只不过从头再来。通过参加这次比赛，我收获了很多。我变得更加勇敢了，再也不会一上台就脸红了。虽然这次失败了，但是我告诉自己失败一次不要紧，就怕从此停止奋斗的脚步。偷偷告诉你们吧，我正在和几个朋友商量成立一个自己的乐队呢。不论结果怎么样，都应该勇敢地展现自己，自信的人才能赢得他人的掌声。我想这大概就是《达人秀》精神的所在吧！

| 1. 劝说 | （动） | quànshuō | to persuade |
| 2. 选拔 | （动） | xuǎnbá | to select |

3. 结果	（名）	jiéguǒ	result
4. 名落孙山		míng luò sūnshān	fail in a competitive examination
5. 料到	（动）	liàodào	to expect
6. 挫折	（名）	cuòzhé	frustration
7. 失败	（动）	shībài	fail
8. 要紧	（形）	yàojǐn	important
9. 奋斗	（动）	fèndòu	to struggle; to fight
10. 偷偷	（副）	tōutōu	secretly
11. 乐队	（名）	yuèduì	band
12. 掌声	（名）	zhǎngshēng	applause

注释：

人生不如意事十有八九： 人的一生当中经常会遇到不如意的事情。

练习

一、朗读下面的句子，请注意语音、语调

1. 真没想到，你还会弹吉他呢？

2. 你什么时候这么谦虚起来了？

3. 你可别抬举我了，像我这样的普通小人物，哪能当得了明星啊？

第十二课 达人秀

4. 别看我平常大大咧咧的,好像天不怕地不怕,实话告诉你吧,也不怕你笑话,其实让我上台表演,我还真有点儿哆嗦。

5. 这个节目现在特别火,收视率可高了!

6. "人生不如意事十有八九",怎么会事事都能顺着自己的心意呢?

二、替换练习

1. <u>你唱歌</u> 又<u>好</u>, <u>街舞</u>又<u>棒</u>,再加上弹吉他,<u>真算得上是多才多艺啊</u>!
   他人品   好   学历   高   长得帅   怪不得那么多女生喜欢他呢
   这件衣服款式 合身 做工 精致 是名牌   这么贵的价钱也值了
   他外语   精通   管理 内行 是名校毕业 肯定会很快升职的

2. 你可别<u>抬举</u>我了,像我这样的<u>普通小人物</u>,哪能当得了明星啊?
       吹牛   他   胆小鬼   怎么可能是救人的英雄
       轻信他   他   人   最会撒谎了
       忽悠我   我   普通学生   怎么能进那家大公司呢

3. 实话告诉你吧,也不怕你笑话,其实<u>让我上台表演</u>,我还真有点儿哆嗦。
                      我最近有点儿缺钱
                      我见到女生就心慌
                      我到现在还不会骑自行车呢

4. 什么<u>层次</u>不<u>层次</u>啊,<u>我看都是借口</u>。
       工作 工作   我觉得你根本就不想在家陪我
       愿意 愿意   我让他去他就得去
       难看 难看   能穿不就行了

5. 这件事 说 起来 容易, 做起来难嘛!
   这件衣服 看　 漂亮　穿　 难看
   这道菜　 吃　 好吃　做　 麻烦
   那首歌　 听　 好听　唱　 难

6. 咱们 说去就去, 我这就带你报名去。
   他　　 哭 哭　把我吓了一跳
   小王　 吃 吃　一点儿也不跟我客气
   你　　 干 干　动作可真够快的

7. 失败一次不要紧, 就怕停止奋斗的脚步。
   擦破点儿皮　　　伤到骨头
   你不聪明　　　　不愿意努力
   做错了　　　　　认识不到自己的错误

8. 就算失败了又怎样, 只不过从头再来。
   　是经理　　　　 也是给老板打工
   　是第一名　　　 是一个小测试而已
   　失恋了　　　　 是一时的伤心罢了

三、根据所给词语完成对话

1. A: 你认识小王吗? 他可是我们学校的名人, 琴棋书画样样精通。
   B: _____(多才多艺)

2. A: 这次多亏了大家给我的帮助, 如果靠我自己肯定没有这么好的成绩。
   B: _____(谦虚)

3. A: 我看这件事除了你, 没有别人能办成。
   B: _____(抬举)

124

第十二课 达人秀

4. A：_____（自惭形秽）

   B：你这是哪儿的话,怎么能这么比较呢,你们俩各有各的优点啊。

5. A：_____（看好）

   B：谢谢你给我这么大的鼓励,这次比赛我一定全力以赴。

6. A：_____（劝说）

   B：他这个人就是这样,从来不听别人的意见。

7. A：_____（奋斗）

   B：嗯,说得很对,年轻人就应该有这样的热情。

8. A：我这次一定不会放弃,不管你再怎么阻拦,我都要学美术。

   B：_____（坚定）

四、按照下面的提示复述课文

课文一

弹吉他　多才多艺　兴趣爱好　谦虚　一不小心　抬举　普通小人物　达人秀　开办　梦想　大大咧咧　天不怕地不怕　哆嗦　菜花甜妈　勇敢　苏珊大妈　自学成才　美声　同台

课文二

收视率　播　总决赛　参赛选手　难分高下　冠军　最终　亚军　开心第一,比赛第二　才华　魅力　名次　关注　自惭形秽　层次　自相矛盾　说起来容易,做起来难

课文三

劝说　选拔　名落孙山　料到　挫折　人生不如意事十有

八九 意愿 不要紧 奋斗 脚步 偷偷 乐队 展现 掌声 精神 所在

五、根据下面的情景作对话练习

1. 内容：妈妈不让孩子参加选秀，而孩子非要参加
   角色：妈妈和孩子
2. 内容：一个记者采访一个参加选秀的选手
   角色：记者和选手

六、请你说说

1. 你觉得选秀节目有哪些优点和缺点？
2. 如果你身边的朋友很有才华，你是否会鼓励他去参加选秀节目？

七、辩论

题目：我们是否应该支持选秀节目
正反：应该支持。请说出理由。
反方：不应该支持。请说出理由。

第十三课

温泉度假村

1. 你去过温泉度假村吗？你去过的温泉度假村是什么样的？
2. 你知道哪里有温泉度假村吗？
3. 温泉度假村是把泡温泉和休闲娱乐结合在一起的，你觉得这样有什么好处？

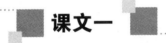

我去温泉度假村了

（周一上午上课的时候，哈利在路上遇到了李阳）

哈利：李阳！我正找你，你周末去哪里了？

李阳：我去温泉度假村了。那叫一个舒服啊！

哈利：看把你美的！你自己去的吗？

李阳：我才不自己去呢。那么贵的地方，我哪有那么多钱？

哈利：那你跟谁一起去的？

李阳：跟我叔叔。他要跟一个客户去开会，顺便也让我去了。

我当然是不去白不去了!

哈利:那儿怎么样?

李阳:简直就是一个乐园!什么餐饮啊、娱乐啊、购物啊、保健啊全部都有。

哈利:你叔叔不是去开会的吗?怎么全都是休闲的?

李阳:现在的温泉度假村差不多都是把休闲和会议融合在一起的。人们在忙碌的同时也可以放松一下,这叫充分利用资源。

哈利:这么好的地方,也能很好地调节人的情绪吧?

李阳:是啊。到了那里,只觉得神清气爽,生活中全部的不愉快都抛到脑后了。那真是个减压的好去处!

哈利:好啦好啦,看你那陶醉样儿。快点儿走吧,要迟到了!

生词一

1. 客户	(名)	kèhù	client
2. 乐园	(名)	lèyuán	paradise
3. 餐饮	(名)	cānyǐn	catering
4. 娱乐	(动)	yúlè	entertainment
5. 会议	(名)	huìyì	meeting
6. 调节	(动)	tiáojié	to adjust
7. 情绪	(名)	qíngxù	feeling

第十三课　温泉度假村

8. 神清气爽		shén qīng qì shuǎng	feel better
9. 抛	(动)	pāo	to throw
10. 去处	(名)	qùchù	place to go
11. 陶醉	(动)	táozuì	to be intoxicated

温泉浴

（中午，李阳继续向哈利讲他在温泉度假村的情况）

哈利：你在温泉度假村一定泡温泉了吧？

李阳：那当然了！当我脱掉厚重的棉衣，穿上轻便的泳衣，跳进温泉，所有的毛孔都被热气熏开，那种舒畅的感觉真是无与伦比！

哈利：我就知道，我一问你又该说个不停了。

李阳：你不知道，我刚去的时候别提有多兴奋了！

哈利：是不是像"刘姥姥进了大观园"啊？

李阳：那倒不至于。不过想到能在四季如春的地方泡温泉就忍不住激动！

哈利：我听说泡温泉不仅能够促进血液循环，还能使肌肉松弛，而且对关节炎病人很有好处。

李阳：是啊。我叔叔因为常常加班，身体处于"亚健康"状态，所以他有时间的话就去泡泡温泉，再做做按摩，对身体很好。

哈利：但是泡温泉也是讲究方法的。

李阳：看不出啊，哈利！你对这个还挺有研究的。

哈利：那是。我妈妈以前身体不太好，自从她开始正确地泡温泉以来，她的身体出乎意料地好了很多。

生词二

1. 厚重　　　（形）　　hòuzhòng　　　decorous
2. 轻便　　　（形）　　qīngbiàn　　　portable
3. 熏　　　　（动）　　xūn　　　　　to fume
4. 舒畅　　　（形）　　shūchàng　　　entirely free from worry
5. 无与伦比　　　　　　wú yǔ lún bǐ　　incomparable
6. 四季如春　　　　　　sìjì rú chūn　　Spring all the year round
7. 促进　　　（动）　　cùjìn　　　　to promote
8. 循环　　　（动）　　xúnhuán　　　circulate
9. 松弛　　　（形）　　sōngchí　　　flabby
10. 关节炎　　（名）　　guānjiéyán　　arthritis
11. 研究　　　（动）　　yánjiū　　　　to study
12. 出乎意料　　　　　　chūhū yìliào　　unexpected

第十三课　温泉度假村

注释：

刘姥姥进了大观园： 刘姥姥是中国四大名著之一《红楼梦》中的人物。刘姥姥是典型的农村老人，没见过世面，进贾府的时候闹了很多笑话，所以这句话用来比喻没有见过世面的人来到陌生新奇的世界。常常被用来嘲笑那些孤陋寡闻的人，也可用作自谦或自嘲。

课文三

世外桃源

如今，越来越多的人在商务旅行或假日休闲娱乐时选择去温泉度假村。温泉度假村是集温泉洗浴、住宿、餐饮、会务、健身、娱乐等多种功能于一体的综合性场所。在这些功能中，温泉洗浴是最核心、最重要的部分。在很多人的印象中，温泉度假村是远离喧闹的世外桃源。因为在那里，忙碌的人们可以使疲惫的身心得到暂时的缓解。

现在很多温泉度假村根据不同人的需要，开发了不同的经营模式。例如景区模式、会议中心模式、乐园模式、康复基地模式等。这些模式有一个共同的特点，就是把温泉度假村和当地的特色文化结合起来，使温泉度假村更有文化底蕴，也使度假村的综合开发价值实现最大化。

生词三

1. 商务	(名)	shāngwù	business affairs
2. 综合	(动)	zōnghé	to synthesize
3. 场所	(名)	chǎngsuǒ	place
4. 核心	(名)	héxīn	core
5. 喧闹	(形)	xuānnào	bustle
6. 世外桃源		shìwài táoyuán	a fictitious land of peace
7. 疲惫	(形)	píbèi	tired out
8. 身心	(名)	shēnxīn	mind and body
9. 开发	(动)	kāifā	to develop
10. 经营	(动)	jīngyíng	to manage
11. 模式	(名)	móshì	mode
12. 康复	(动)	kāngfù	to get well
13. 基地	(名)	jīdì	base
14. 底蕴	(名)	dǐyùn	deposit

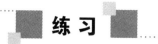

一、朗读句子，请注意语音语调

1. 我去温泉度假村了。那叫一个舒服啊!

2. 那么贵的地儿，我哪有那么多钱?

第十三课　温泉度假村

3. 简直就是一个乐园！什么餐饮啊、娱乐啊、购物啊、保健啊全部都有。

4. 你不知道，我刚去的时候别提有多兴奋了！

5. 不过想到能在四季如春的地方泡温泉就忍不住激动！

6. 看不出啊，哈利！你对这个还挺有研究的。

二、替换练习

1. <u>我去温泉度假村了</u>。那叫一个<u>舒服</u>啊！

　　我们去听音乐会了　　　高水平
　　暑假我去张家界了　　　壮观
　　这次我考驾驶证　　　　顺利

2. <u>看把你美的！</u>　<u>你一个人去的吗？</u>

　　他气　　他到底怎么了？
　　妈妈忙　今天有客人来吗？
　　同学们高兴 毕竟是拿了第一名。

3. 我才不<u>自己去</u>呢！

　　　留他在我家住
　　　管别人的事
　　　相信他的话

4. <u>我当然是不去白不去啦！</u>

　　我们　　吃　吃
　　他们　　要　要
　　姐姐　　拿　拿

5. 我就知道,<u>我一问你又该说个不停了</u>。
   你又熬夜了
   你成功是迟早的事
   他肯定不会同意的

6. <u>我刚去的时候</u> 别提有多兴奋了!
  我考试的时候   紧张
  晚上我一个人在房间 害怕
  那个饭店的菜   好吃

7. 看不出啊,你对<u>这个</u>还挺<u>有研究</u>的。
   电影 感兴趣
   电脑 在行
   这本书 了解

8. <u>温泉度假村</u>是集温泉洗浴、住宿、餐饮、会务、健身、娱乐等多种功能 于一体的 <u>综合性场所</u>。
  这是一款 实用性、观赏性 百科软件
  这是一家 就餐、住宿和娱乐 酒店
  这是一家 设计、生产和销售 公司

三、根据所给词语完成句子

1. A:就要考试了,你准备得怎么样了?
  B:_____(充分)

2. A:你怎么每天看起来都很开心啊?你就没有伤心的时候吗?
  B:_____(调节)

3. A:休息了两天,你的身体好些了吗?
  B:_____(神清气爽)

4. A：你觉得张家界的风景怎么样？
   B：＿＿＿＿＿＿＿＿＿＿＿＿＿＿＿＿＿＿＿＿＿＿＿＿＿＿（无与伦比）

5. A：你知道为什么昆明也叫"春城"吗？
   B：＿＿＿＿＿＿＿＿＿＿＿＿＿＿＿＿＿＿＿＿＿＿＿＿＿＿（四季如春）

6. A：你认为这个新的方案怎么样？
   B：＿＿＿＿＿＿＿＿＿＿＿＿＿＿＿＿＿＿＿＿＿＿＿＿＿＿（促进）

7. A：你知道他不仅会唱京剧，还会唱越剧吗？
   B：＿＿＿＿＿＿＿＿＿＿＿＿＿＿＿＿＿＿＿＿＿＿＿＿＿＿（出乎意料）

8. A：为什么最近这个地方有很多新建的建筑？
   B：＿＿＿＿＿＿＿＿＿＿＿＿＿＿＿＿＿＿＿＿＿＿＿＿＿＿（开发）

四、按照下面的提示复述课文

课文一

舒服 美 贵 客户 乐园 会议 忙碌 充分 资源 调节 情绪 神清气爽 抛 减压

课文二

泡 温泉 厚重 轻便 舒畅 无与伦比 别提 兴奋 忍不住 促进 对……有好处 亚健康 按摩 研究 出乎意料

课文三

商务 旅行 休闲 娱乐 集……于一体 综合 场所 核心 远离 世外桃源 缓解 开发 模式 特色文化 底蕴 价值

五、根据所给的情景做对话

1. 内容：你的朋友去了温泉度假村，回来以后跟你聊那儿的情况。
   角色：你和你的朋友
2. 内容：一名记者正在采访温泉度假村的负责人，向他了解温泉度假村的特点。
   角色：温泉度假村负责人和记者
3. 内容：温泉度假村近年来有了很多新的开发模式，你和你的朋友在讨论各个模式的优缺点。
   角色：你和你的朋友

六、请你说说

1. 你觉得温泉度假村对人们的生活有什么影响？
2. 如果你要开发一个温泉度假村，你准备怎么做？

第十四课

中国民乐

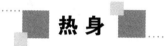

1. 你们国家有独特的音乐吗？你们国家的音乐有根据著名的爱情故事改编的吗？
2. 你对中国民乐了解吗？
3. 你听过中国民乐《梁祝》吗？你知道《梁祝》的故事吗？

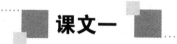

三月不知肉味

（周六早上，丽莎和李阳在公园里散步……）

丽莎：李阳，我最近听同学说他要去听音乐会，本来我也想去的，可他说是中国民族音乐，我就不去凑热闹了。

李阳：为什么啊？中国民族音乐可是很有内涵，很好听的。

丽莎：因为我听朋友说中国民族音乐很严肃，感觉很沉重。

李阳：你的这位朋友可真是孤陋寡闻！中国民族音乐可是有

着独特魅力和感人力量的。

丽莎：瞧你，把中国民族音乐都夸成一朵花了！

李阳：那当然了！我告诉你啊，中国民族音乐是中国人的骄傲。孔子听完音乐都"三月不知肉味"呢。

丽莎：三月不知肉味？

李阳：是啊。传说孔子听完美妙的音乐之后，很长时间内一直都在回味。

丽莎：有你说的那么神奇吗？

李阳：当然有了！不信的话你去听听好了。我推荐你听《梁祝》，说的是在中国家喻户晓的爱情故事，这个故事有"东方的罗密欧与朱丽叶"之称呢！

丽莎：听你这么一说，我倒真想领略一下中国民族音乐的独特魅力了。

生词一

1. 内涵	（名）	nèihán	connotation
2. 严肃	（形）	yánsù	serious
3. 沉重	（形）	chénzhòng	heavy
4. 孤陋寡闻		gū lòu guǎ wén	with very limited knowledge and sanity information

5. 独特	（形）	dútè	unique
6. 感人	（形）	gǎnrén	moving
7. 美妙	（形）	měimiào	beautiful
8. 回味	（动）	huíwèi	to aftertaste
9. 神奇	（形）	shénqí	miraculous
10. 家喻户晓		jiā yù hù xiǎo	widely known
11. 领略	（动）	lǐnglüè	to have a taste of

注释：

三月不知肉味： 三个月之内吃肉不觉得有味道。比喻集中注意力于某一事物而忘记了其他事情。也借用来形容几个月不吃肉。

《梁祝》： 中国著名民族音乐，题材来源于中国古代著名爱情故事。出身富裕人家的祝英台为争取到与男孩子一同读书受教育的机会女扮男装外出求学。后来她与同窗三年的平民子弟梁山伯相恋，为自己争取婚姻自由。然而，保守的年代却没能使他们结合，双双为情而死，并化成彩蝶翩翩飞舞。

名不虚传

（星期一中午，李阳和丽莎在食堂吃午饭）

李阳：我说哈利，你这眼睛怎么肿得跟个桃子似的？

丽莎：还说呢，你让我去听《梁祝》，我就先看了那个爱情悲剧。我听音乐的时候想着他们的故事，听了哭，哭了听，结果眼睛就成这样了。

李阳：我说得怎么样，很感人吧！这个故事在中国可是流传深远呢！

丽莎：你说，梁山伯要学问有学问，要人品有人品，可祝英台的父亲为什么还要阻止她和梁山伯相爱，强迫她嫁给别人呢？

李阳：中国古代社会结婚讲究门当户对，梁山伯可是个穷小子！

丽莎：音乐高潮的时候就是他们化蝶双飞的时候吧？

李阳：是啊，因为《梁祝》，双飞的蝴蝶成了忠贞爱情的象征。

丽莎：我现在懂了"三月不知肉味"是什么感觉了。这首曲子真是好听得不能再好听了。真是名不虚传。

李阳：我每渔翁听的时候心脏都是跟着节奏跳动的。经典就是经典啊！

生词二

1. 悲剧	（名）	bēijù	tragedy
2. 流传深远		liúchuán shēnyuǎn	spread profound
3. 阻止	（动）	zǔzhǐ	to prevent

4. 强迫	（动）	qiǎngpò	to enforce
5. 门当户对		mén dāng hù duì	be matched for marriage
6. 高潮	（名）	gāocháo	high tide
7. 忠贞	（名）	zhōngzhēn	loyal and steadfast
8. 象征	（名）	xiàngzhēng	symbol
9. 名不虚传		míng bù xū chuán	deserve the reputations one enjoys
10. 心脏	（名）	xīnzàng	heart
11. 跳动	（动）	tiàodòng	to beat
12. 经典	（名）	jīngdiǎn	classics

课文三

触动心灵的千古绝唱

　　如今，大部分年轻人都喜欢听流行音乐。很多人觉得中国民族音乐是高雅的音乐，一般人无法欣赏，但实际上，中国民族音乐非常优美，而且韵味十足。中国民族音乐在广义上是指有中国民族特色的音乐，狭义上主要指中国各个地方的民族音乐。中国民族音乐大部分紧贴人们的生活，音乐形象鲜明，感情真挚，是人们集体智慧的结晶。中国民族音乐有很多脍炙人口的名曲，几乎每首曲子都包含一段感人的故事。演奏民族音乐的乐器也是中国独特的乐器，有古筝、琵琶、二胡等。民族音乐成功地把这些乐器的特征和乐曲中包含的感情融合在一起，所以每首乐曲几乎都是能触动人心灵的千古绝唱。

生词三

1. 高雅　　（形）　gāoyǎ　　elegant
2. 优美　　（形）　yōuměi　　graceful
3. 韵味　　（名）　yùnwèi　　aroma
4. 广义　　（名）　guǎngyì　　generalized
5. 狭义　　（名）　xiáyì　　special
6. 紧贴　　（动）　jǐntiē　　close to
7. 形象　　（形）　xíngxiàng　　image
8. 鲜明　　（形）　xiānmíng　　bright
9. 真挚　　（形）　zhēnzhì　　sincere
10. 结晶　　（名）　jiéjīng　　crystallization
11. 脍炙人口　　kuàizhì rénkǒu　　win universal praise
12. 包含　　（动）　bāohán　　to contain
13. 古筝　　（名）　gǔzhēng　　zheng
14. 琵琶　　（名）　pípa　　pipa
15. 二胡　　（名）　èrhú　　urheen
16. 特征　　（名）　tèzhēng　　characteristic
17. 融合　　（动）　rónghé　　to fuse
18. 触动　　（动）　chùdòng　　to touch

第十四课 中国民乐

19. 心灵	（名）	xīnlíng	heart
20. 千古绝唱		qiāngǔ juéchàng	bards sublime

练习

一、朗读句子，请注意语音语调

1. 为什么啊？中国民族音乐可是很有内涵，很好听的。

2. 瞧你，把中国民族音乐都夸成一朵花了！

3. 我告诉你啊，中国民族音乐是中国人的骄傲。孔子听完音乐都"三月不知肉味"呢。

4. 当然有了！不信的话你去听听好了。

5. 中国古代社会结婚讲究门当户对，梁山伯可是个穷小子！

6. 但实际上，中国民族音乐非常优美，而且韵味十足。

二、替换练习

1. 瞧你，把 <u>中国民族音乐</u> 都夸成一朵花了！
   你们国家
   你女朋友
   那部电影

2. 有你说的这么神奇吗?
   漂亮
   感人
   厉害

3. 那是在中国家喻户晓的爱情故事,有"东方的罗密欧与朱丽叶"之称呢!
   四川   天府之国
   姚明   小巨人
   卓别林   喜剧之王

4. 我说哈利,你这眼睛怎么肿得跟个桃子似的?
   李阳   房间   脏   垃圾箱
   芳子   脸   红   苹果
   金大永 头   烫   火炉

5. 听了哭,哭了听。
   吃 睡 睡 吃
   读 写 写 读
   拆 装 装 拆

6. 我说得怎么样,很感人吧!
   好听
   便宜
   特别

7. 梁山伯要学问有学问,要人品有人品。
   他女朋友 长相 长相 身材 身材
   他   钱   钱   学历 学历
   我们学校 环境 环境 老师 老师

第十四课 中国民乐

8. <u>这首曲子真是好听得不能再好听了。</u>

　　这部电影　　刺激　　　　刺激

　　他爸爸　　　懒　　　　　懒

　　我今天　　　累　　　　　累

三、根据所给词语完成句子

1. A：看完那部电影之后你半天都没说话了。
   B：_____（沉重）

2. A：你这次去泰山旅游有什么收获啊？
   B：_____（领略）

3. A：你觉得上海的外滩是不是很有特色？
   B：_____（名不虚传）

4. A：你知道梁山伯和祝英台的故事吗？
   B：_____（家喻户晓）

5. A：你昨天晚上怎么没出来玩儿啊？
   B：_____（阻止）

6. A：你真棒！这么厚的书都看完啦！
   B：_____（强迫）

7. A：为什么中国过年的时候要贴春联啊？
   B：_____（象征）

8. A：我来上海之前都不知道东方明珠。
   B：_____（孤陋寡闻）

四、按照下面的提示复述课文

课文一

音乐会　民族音乐　凑热闹　内涵　孤陋寡闻　独特
魅力　感人　三月不知肉味　回味　神奇　推荐　家喻户

晓　领略

课文二

肿　悲剧　听　哭　阻止　强迫　讲究　门当户对　高潮　化蝶双飞　爱情　象征　名不虚传　节奏　经典　演奏　乐器

课文三

流行音乐　高雅　广义　狭义　紧贴　形象　感情　集体　智慧　结晶　脍炙人口　包含　感人　故事　琵琶　二胡　融合　触动　心灵　千古绝唱

五、根据所给的情景做对话

1. 内容：两个朋友去听了民族音乐的音乐会，在回家的路上谈论听音乐会的感受。
   角色：两个朋友
2. 内容：哈利看完梁祝的故事后很感动，也推荐给芳子看了。周末的时候，丽莎和芳子谈论梁祝的故事。
   角色：丽莎和芳子

六、请你说说

1. 如果你的朋友邀请你一起去听中国民族音乐的音乐会，你会去吗？为什么？
2. 你觉得梁山伯和祝英台的故事为什么会有"东方的罗密欧与朱丽叶"之称？
3. 你认为中国民族音乐的特点是什么？

第十五课

交通改变生活

1. 你平时出门坐地铁吗?
2. 你觉得坐高铁有什么优点?

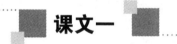

哈利的困扰

(上课的铃声已经响了,哈利这时才急匆匆地跑进教室……)

金大永:哈利,咱们才刚开学,你怎么就隔三差五地迟到,是不是早上起不来啊?

哈 利:别提了,我也正为这事发愁呢!

金大永:瞧你这一副苦瓜脸,你倒是说说你的烦恼,看我能不能帮到你。

哈 利:好吧。是这么回事,因为我住的地方离学校很远,我所以要坐公交车来上课。但是高峰的时候,路上特别堵,公交车慢得跟什么似的。

金大永:原来如此,难怪你经常迟到。现在的私家车是比以前多了许多,路上车也就越来越慢了。

哈　利:就是呀,我也很无奈啊!而且我要是错过一趟车,等下一趟又得等很久。

金大永:对了,你家那边不是开通地铁了吗?

哈　利:是嘛?我刚搬到那里没多久,还真不知道那里有地铁站呢!

金大永:要是我没记错的话,地铁站离你住的地方还要坐一站公交车才能到。那也总比你一直坐公交车快得多。

哈　利:你说得对,这下可好了!还真是意想不到,我住的地方已经是郊区了,现在都有地铁了。中国城市的交通发展真是够快啊!

生词一

1. 困扰	(动)	kùnrǎo	to perplex; to torment
2. 铃声	(名)	língshēng	the ringing sound of a bell
3. 隔三差五		gé sān chà wǔ	at intervals
4. 发愁		fā chóu	to worry; be anxious
5. 公寓	(名)	gōngyù	apartment

第十五课 交通改变生活

6. 私家车	（名）	sījiāchē	private car
7. 无奈	（动）	wúnài	to have no choice
8. 错过	（动）	cuòguò	to miss; to let slip
9. 趟	（量）	tàng	times; one round trip
10. 开通	（动）	kāitōng	to open
11. 意想不到		yìxiǎng búdào	beat all
12. 郊区	（名）	jiāoqū	suburb

注释：

苦瓜脸：脸上露出一副很不高兴的表情，好像吃了苦、受了委屈一样。

高铁拉近了城市间的距离

（七天的长假已经过去了四天，在大街上……）

丽莎：芳子，好久不见。放假这几天你都在忙什么呀？

芳子：我爸妈到上海来看我啦！这两天我陪着他们在逛上海。我真是做梦都没有想到他们能来，他们先前也没有跟我透露过一点儿消息。

丽莎：看把你给乐的，他们也许是想给你一个惊喜！

芳子：那倒是。这几天我过得别提有多开心了！时间不知不觉就过去了。

丽莎：那你接下来几天要带他们去哪里玩儿？

芳子：我本来还想带他们去北京玩儿，但假期就剩下三天了，想想还是算了，打算就呆在家里了。

丽莎：你这么打发时间，也太可惜了吧？

芳子：但是你也知道，买机票太贵，坐火车又太慢了。

丽莎：瞧你这记性！上海不是开通了去北京的高铁吗？高铁的票价比机票便宜多了，而速度比起普通火车快了一倍呢！

芳子：你还别说，我真忘了这回事了。

丽莎：我还听乘坐过高铁的朋友说，高铁开得不但快，而且非常平稳，几乎没有什么噪音，另外在车上还能无线上网呢！

芳子：真不错，那我这就去买票。

丽莎：那就祝你们旅途愉快啦！

芳子：谢谢你，丽莎！

生词二

1. 高铁	（名）	gāotiě	high-speed railway
2. 先前	（名）	xiānqián	the past
3. 透露	（动）	tòulù	to impart

第十五课　交通改变生活

4. 惊喜	（名）	jīngxǐ	pleasantly surprised; surprise
5. 不知不觉		bù zhī bù jué	imperceptibly; unconsciously
6. 剩下	（动）	shèngxia	to remain
7. 打发	（动）	dǎfa	to kill time
8. 票价	（名）	piàojià	the price of a (train, plane, etc.) ticket
9. 乘坐	（动）	chéngzuò	to take
10. 平稳	（形）	píngwěn	steady
11. 噪音	（名）	zàoyīn	noise
12. 无线	（形）	wúxiàn	wireless

课文三

交通的发展让生活更美好

　　我们不得不承认，交通的发展带来的改变是方方面面的。

　　首先，提速后的交通在加快我们生活节奏的同时，也为我们节省下不少时间。这意味着我们可以支配的空闲时间更多了。我们可以把这些时间用来陪伴家人和朋友，也可以做其他自己想做的事情，从而我们的生活质量就得到了提升。其次，便捷的交通允许人们去更远的地方工作，也就是说，交通的发展能够为我们提供更广的就业机会和选择。再者，地铁的建设不仅能使城市拥堵现状有所好转，还能节省土地资源，减少污染。最后，高铁的出现还为我们的旅行带来了实惠和便利。

总而言之,交通的发展必将让我们的生活更美好!

生词三

1. 方方面面		fāngfāng miànmiàn	on all counts
2. 提速		tí sù	speed up
3. 支配	(动)	zhīpèi	to control
4. 空闲	(名)	kòngxián	free time; spare time; leisure
5. 用来		yònglái	for; be used for
6. 陪伴	(动)	péibàn	to keep sb. company
7. 提升	(动)	tíshēng	to promote; to advance
8. 便捷	(形)	biànjié	convenient and fast
9. 再者	(连)	zàizhě	moreover; furthermore
10. 拥堵	(动)	yōngdǔ	traffic jam
11. 现状	(名)	xiànzhuàng	present situation; the actual state
12. 实惠	(名、形)	shíhuì	material benefit; substantial
13. 必将	(副)	bìjiāng	will certainly; surely will

第十五课 交通改变生活

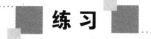

一、朗读句子,请注意语音语调

1. 别提了,我也正为这事发愁呢!
2. 瞧你这一副苦瓜脸,你倒是说说你的烦恼,看我能不能帮到你。
3. 但是你也知道,买机票太贵,坐火车又太慢了。
4. 瞧你这记性!上海不是开通了去北京的高铁吗?
5. 你还别说,我真忘了这回事了。
6. 总而言之,交通的发展必将让我们的生活更美好!

二、替换练习

1. 是这么回事,因为<u>我住的地方离学校很远</u>,所以<u>我要坐公交车来上课</u>。

他身体不好	没来上课
最近我一直工作到很晚	休息得不是很好
我出门忘记带钥匙了	只能等我室友回来开门

2. <u>路上特别堵</u>,<u>公交车慢</u>得跟什么似的。

穿上新裙子	她高兴
孩子很晚还没有回家	孩子的妈妈急
他很爱吃零食	现在胖

3. 要是我没记错的话,地铁站离你住的地方还要坐一站公交车才能到。
　　　　　　　　今天是你的生日吧
　　　　　　　　你们是去年这个时候毕业的吧
　　　　　　　　你来中国已经有五年了

4. 我真是做梦都没有想到他们能来。
　　他　　　　　　能在上海碰到老朋友
　　我同学　　　　能找到这么好的工作
　　那个失主　　　丢了的钱包这么快又找回来了

5. 看把你 给 乐 的,他们也许是想给你一个惊喜!
　　　　观众们　笑　那个魔术师的表演真是精彩
　　　　他　　　愁　这次HSK六级考试他又没通过
　　　　你　　　累　明天就在家休息一天吧

6. 我们不得不承认,交通的发展带来的改变是方方面面的。
　　　　　　　　这次比赛的对手实力确实比我们强
　　　　　　　　现在工作的压力越来越大了
　　　　　　　　每个国家的人都有自己的风俗习惯

7. 这意味着我们可以支配的空闲时间更多了。
　　　　　　　　我的工作水平进步了
　　　　　　　　我们应该全面负责这件事情
　　　　　　　　他们已经开始理解我了

第十五课 交通改变生活

三、根据所给词语完成句子

1. A：你觉得现在为什么会有那么多"剩男"和"剩女"？
   B：_____（错过）

2. A：你的朋友跟你说过他最近不开心的原因吗？
   B：_____（透露）

3. A：今晚我为我的朋友准备了一个生日聚会，这会儿他还不知道呢！
   B：_____（惊喜）

4. A：听说下午会下大雨，你打算做什么啊？
   B：_____（打发）

5. A：我们不但要追求物质生活，更要追求精神生活。
   B：_____（提升）

6. A：我看你的孩子非常喜欢那个玩具，到哪儿都抱着它。
   B：_____（陪伴）

7. A：大家都非常感谢世博会志愿者。
   B：_____（提供）

8. A：听说你前段时间又搬家了，那里的交通怎么样？
   B：_____（便捷）

四、按照下面的提示复述课文

课文一

铃声　隔三差五　愁　苦瓜脸　是这么回事　离　高峰　……慢得跟什么似的　原来如此　私家车　无奈　错过　开通　要我没记错的话　意想不到　郊区

课文二

高铁 长假 好久不见 做梦都没有想到 先前 透露 消息 看把你给乐的 惊喜 那倒是 不知不觉 剩下 打发 机票 火车 高铁 你还别说 乘坐 平稳 噪音 无线 真不错

课文三

我们不得不承认 方方面面 首先 提速 节奏 意味着 支配 陪伴 生活质量 提升 其次 便捷 提供 就业 再者 拥堵 好转 实惠 总而言之

五、根据所给的情景做对话

1. 内容：你和你的同学谈平时都是坐什么交通工具。
   角色：你和你的同学
2. 内容：两个朋友在聊地铁的便利。
   角色：两个朋友
3. 内容：你和你的朋友在商量坐高铁去旅行。
   角色：你和你的朋友

六、请你说说

1. 你认为什么方法可以缓解城市的交通拥堵？
2. 你认为去旅游哪种交通工具最安全、最便利？

生词总表

	A		必定	bìdìng	11-3
安全感	ānquángǎn	9-1	必将	bìjiāng	15-3
奥秘	àomì	8-1	便捷	biànjié	15-3
	B		播	bō	12-2
把脉	bǎ mài	8-3	博客	bókè	2-2
白白	báibái	11-3	补课	bǔ kè	4-2
白领	báilǐng	6-1	补贴	bǔtiē	7-3
百货商场	bǎihuò shāngchǎng	7-1	不必	búbì	5-3
包含	bāohán	14-3	不便	búbiàn	10-3
褒贬不一	bāo biǎn bù yī	3-1	不可思议	bùkě sīyì	8-3
宝贵	bǎoguì	11-3	不良	bùliáng	5-1
保险	bǎoxiǎn	5-2	不耐烦	bú nàifán	2-1
保障	bǎozhàng	5-3	不能自拔	bù néng zìbá	2-1
悲剧	bēijù	14-2	不妥	bù tuǒ	10-1
背包	bēibāo	4-1	不再	búzài	3-3
本年度	běn niándù	3-1	不知不觉	bù zhī bù jué	15-2
彼此	bǐcǐ	3-2	部队	bùduì	4-3

C

才华	cáihuá	12-2
财富	cáifù	5-2
参赛	cān sài	1-2
餐饮	cānyǐn	13-1
草率	cǎoshuài	9-1
策划	cèhuà	6-2
层次	céngcì	12-2
差距	chājù	9-1
长假	chángjià	10-3
长龙	chánglóng	10-2
长远	chángyuǎn	6-3
尝试	chángshì	8-1
厂商	chǎngshāng	7-3
场所	chǎngsuǒ	13-3
畅通	chàngtōng	8-2
倡导	chàngdǎo	11-1
朝夕相处	zhāoxī xiāngchǔ	9-3
车展	chēzhǎn	7-2
尘世	chénshì	2-2
沉重	chénzhòng	14-1
闯	chuǎng	7-2
成年人	chéngniánrén	1-3
成熟	chéngshú	6-1
承担	chéngdān	3-3
乘客	chéngkè	10-2
乘坐	chéngzuò	15-2
程度	chéngdù	2-1
吃力	chīlì	8-2
痴迷	chīmí	2-1
充电	chōng diàn	7-1
充分	chōngfèn	4-3
冲击	chōngjī	3-1
冲水	chōng shuǐ	9-2
出乎意料	chūhū yìliào	13-2
出示	chūshì	10-3
初期	chūqī	6-2
触动	chùdòng	14-3
传递	chuándì	3-3
传统	chuántǒng	3-1
窗口	chuāngkǒu	10-2
创办	chuàngbàn	6-2
创造	chuàngzào	5-2
垂头丧气	chuí tóu sàng qì	10-2
纯净水	chúnjìngshuǐ	4-3
辞职	cí zhí	2-1
促进	cùjìn	13-2
促销	cùxiāo	7-1
存折	cúnzhé	5-2
挫折	cuòzhé	12-3

错过	cuòguò	15-1	动员	dòngyuán	11-1
D			毒	dú	8-2
打发	dǎfa	15-2	独特	dútè	14-1
打击	dǎjī	10-3	独自	dúzì	6-3
大大咧咧	dàdaliēliē	12-1	度假	dù jià	4-1
大街小巷	dàjiē xiǎoxiàng	7-1	队伍	duìwu	11-1
大开眼界	dà kāi yǎn jiè	7-3	对付	duìfu	4-2
大人	dàrén	1-1	蹲	dūn	2-1
大型	dàxíng	6-1	多才多艺	duō cái duō yì	12-1
贷款	dài kuǎn	6-2	多多少少	duōduō shǎoshǎo	9-3
担忧	dānyōu	2-1	哆嗦	duōsuo	12-1
倒卖	dǎomài	10-3	**E**		
道理	dàolǐ	1-1	二胡	èrhú	14-3
得不偿失	dé bù cháng shī	10-2	**F**		
登记	dēngjì	10-3	发愁	fā chóu	15-1
低碳	dītàn	11-1	凡是	fánshì	8-2
迪士尼乐园	Díshìní Lèyuán	1-2	烦恼	fánnǎo	10-2
底蕴	dǐyùn	13-3	方案	fāng'àn	8-3
典礼	diǎnlǐ	6-2	方方面面	fāngfāng miànmiàn	15-3
电动车	diàndòngchē	7-1	方式	fāngshì	3-2
调节	tiáojié	13-1	防患于未然	fáng huànyú wèi rán	5-2
定期	dìngqī	5-2	房价	fángjià	3-3
定位	dìng wèi	1-3	飞速	fēisù	3-3
动弹	dòngtan	10-1	分成	fēn chéng	5-3
动摇	dòngyáo	6-1	分工	fēn gōng	9-2

分享	fēnxiǎng	6-3	跟前	gēnqián	10-2
奋斗	fèndòu	12-3	公告	gōnggào	1-1
风吹雨打	fēng chuī yǔ dǎ	3-2	公寓	gōngyù	15-1
夫妻	fūqī	3-2	公众	gōngzhòng	11-3
符合	fúhé	1-2	构成	gòuchéng	8-3
负	fù	4-2	购物狂	gòuwùkuáng	5-3
富人	fùrén	5-2	孤单	gūdān	2-1

G

			孤陋寡闻	gū lòu guǎ wén	14-1
改正	gǎizhèng	5-1	古筝	gǔzhēng	14-3
干涉	gānshè	3-3	固定	gùdìng	5-3
肝脏	gānzàng	8-2	关节炎	guānjiéyán	13-2
赶	gǎn	8-1	观察	guānchá	11-3
敢于	gǎnyú	3-3	观念	guānniàn	3-1
感人	gǎnrén	14-1	冠军	guànjūn	12-2
感受	gǎnshòu	10-1	广阔	guǎngkuò	7-2
刚好	gānghǎo	11-1	广义	guǎngyì	14-3
岗位	gǎngwèi	6-1	归来	guīlái	7-3
高潮	gāocháo	14-2	规定	guīdìng	9-2
高峰	gāofēng	10-1	规则	guīzé	7-2
高科技	gāokējì	7-3	国债	guózhài	5-2
高铁	gāotiě	15-2	过度	guòdù	8-2
高雅	gāoyǎ	14-3			

H

革命	gémìng	3-3	海报	hǎibào	1-1
隔三差五	gé sān chà wǔ	15-1	海阔天空	hǎi kuò tiān kōng	9-2
各自	gèzì	9-2	含量	hánliàng	7-1

生词总表

寒假	hánjià	10-1		**J**	
行列	hángliè	11-3	机动车	jīdòngchē	7-2
毫无疑问	háowú yíwèn	11-2	积少成多	jī shǎo chéng duō	5-2
好转	hǎozhuǎn	10-2	基地	jīdì	13-3
号召	hàozhào	11-1	基金	jījīn	5-2
合租	hézū	9-1	及时行乐	jíshí xínglè	5-3
何必	hébì	11-2	吉他	jítā	12-1
和谐	héxié	3-2	急性子	jíxìngzi	7-2
核心	héxīn	13-3	嫉妒	jídù	9-1
厚重	hòuzhòng	13-2	加班	jiā bān	2-2
呼吁	hūyù	11-2	加入	jiārù	11-3
互补	hùbǔ	9-1	加油站	jiāyóuzhàn	7-1
划算	huásuàn	7-1	家电	jiādiàn	11-2
环保	huánbǎo	11-2	家喻户晓	jiā yù hù xiǎo	14-1
灰心	huī xīn	1-2	驾照	jiàzhào	7-1
回头	huítóu	3-1	坚信	jiānxìn	11-3
回味	huíwèi	14-1	艰苦	jiānkǔ	4-3
会议	huìyì	13-1	艰辛	jiānxīn	6-3
婚礼	hūnlǐ	6-2	减压	jiǎn yā	1-1
婚纱	hūnshā	3-2	见识	jiànshi	10-1
婚姻	hūnyīn	3-1	奖励	jiǎnglì	1-1
活在当下	huó zài dāngxià	5-3	交代	jiāodài	4-2
火	huǒ	3-1	交际	jiāojì	2-3
或许	huòxǔ	3-2	郊区	jiāoqū	15-1
获奖	huò jiǎng	1-1	角色	juésè	1-3

161

脚步	jiǎobù	7-2	开创	kāichuàng	6-3
脚印	jiǎoyìn	6-3	开发	kāifā	13-3
街舞	jiēwǔ	12-2	开通	kāitōng	15-1
节俭	jiéjiǎn	5-2	开销	kāixiāo	9-1
节省	jiéshěng	2-3	看好	kànhǎo	12-2
节制	jiézhì	5-3	看重	kànzhòng	12-2
节奏	jiézòu	2-2	康复	kāngfù	13-3
结果	jiéguǒ	12-3	刻意	kèyì	11-2
结晶	jiéjīng	14-3	客户	kèhù	13-1
截止	jiézhǐ	8-1	客流	kèliú	10-3
紧贴	jǐntiē	14-3	空闲	kòngxián	15-3
尽可能	jǐn kěnéng	5-2	口味	kǒuwèi	1-2
经典	jīngdiǎn	14-2	脍炙人口	kuàizhì rénkǒu	14-3
经营	jīngyíng	13-3	宽容	kuānróng	3-3
惊喜	jīngxǐ	15-2	宽松	kuānsōng	4-3
精力	jīnglì	4-2	狂热	kuángrè	4-1
精明	jīngmíng	5-1	困扰	kùnrǎo	15-1
究竟	jiūjìng	1-2	**L**		
拒绝	jùjué	4-1	浪费	làngfèi	11-2
剧	jù	3-1	劳累	láolèi	8-2
绝大多数	jué dàduōshù	2-2	老实	lǎoshi	4-2
君子协议	jūnzǐ xiéyì	9-3	老样子	lǎo yàngzi	9-2
K			乐趣	lèqù	1-3
卡奴	kǎnú	5-3	乐园	lèyuán	13-1
开办	kāibàn	12-1	乐在其中	lè zài qí zhōng	2-1

冷静	lěngjìng	4-1	面子	miànzi	3-2
理财	lǐ cái	5-1	名不虚传	míng bù xū chuán	14-2
利益	lìyì	10-2	名次	míngcì	12-2
脸色	liǎnsè	8-1	名副其实	míng fù qí shí	7-3
炼	liàn	5-2	名落孙山	míng luò sūnshān	12-3
良好	liánghǎo	4-3	明星	míngxīng	1-3
亮点	liàngdiǎn	7-3	模仿	mófǎng	10-3
亮相	liàng xiàng	7-2	模式	móshì	13-3
量力而行	liàng lì ér xíng	3-2	模特儿	mótèr	7-2
料到	liàodào	12-3	摩托车	mótuōchē	7-1
铃声	língshēng	15-1	陌生	mòshēng	5-2
领略	lǐnglüè	14-1	**N**		
流传深远	liúchuán shēnyuǎn	14-2	内涵	nèihán	14-1
漏电	lòu diàn	7-3	难分高下	nán fēn gāo xià	12-2
绿色	lǜsè	11-2	难看	nánkàn	8-1
乱糟糟	luànzāozāo	9-2	难免	nánmiǎn	9-2
M			闹脾气	nào píqi	4-2
毛驴	máolǘ	4-1	**P**		
美妙	měimiào	14-1	抛	pāo	13-1
美声	měishēng	12-1	陪伴	péibàn	15-3
美味	měiwèi	4-1	培训	péixùn	7-1
魅力	mèilì	12-2	配音	pèi yīn	1-1
门当户对	mén dāng hù duì	14-2	疲惫	píbèi	13-3
梦想	mèngxiǎng	12-1	琵琶	pípa	14-3
迷糊	míhu	5-1	偏	piān	4-2

票价	piàojià	15-2	勤奋	qínfèn	6-3
拼搏	pīnbó	6-3	轻便	qīngbiàn	13-2
频繁	pínfán	4-1	情节	qíngjié	3-1
平衡	pínghéng	5-1	情形	qíngxíng	2-3
平坦	píngtǎn	6-1	情绪	qíngxù	13-1
平稳	píngwěn	15-2	趋势	qūshì	2-3
迫不及待	pò bù jí dài	8-1	去处	qùchù	13-1
铺张浪费	pūzhāng làngfèi	3-2	劝说	quànshuō	12-3
普及	pǔjí	11-3			
普通人	pǔtōngrén	12-1	**R**		
			热点新闻	rèdiǎn xīnwén	2-2
Q			热门	rèmén	1-2
企业	qǐyè	11-3	人力	rénlì	10-2
起点	qǐdiǎn	6-2	人山人海	rén shān rén hǎi	10-1
汽油	qìyóu	7-3	忍无可忍	rěn wú kěr ěn	9-2
千古绝唱	qiāngǔ juéchàng	14-3	认同	rèntóng	2-2
谦虚	qiānxū	12-1	日思夜想	rì sī yè xiǎng	4-1
前景	qiánjǐng	6-1	日夜	rìyè	2-3
前途	qiántú	2-1	融合	rónghé	14-3
前沿	qiányán	7-3	融入	róngrù	2-3
潜力	qiánlì	6-2			
强迫	qiǎngpò	14-2	**S**		
强壮	qiángzhuàng	9-1	丧失	sàngshī	2-3
抢	qiǎng	7-2	沙龙	shālóng	3-1
悄悄	qiāoqiāo	1-3	商务	shāngwù	13-3
亲眼	qīnyǎn	10-1	上台	shàng tái	12-1
			上演	shàngyǎn	3-1

烧烤	shāokǎo	11-1	实习	shíxí	6-1
设施	shèshī	9-1	食疗	shíliáo	8-3
设置	shèzhì	1-1	食欲	shíyù	8-2
社区	shèqū	11-1	世外桃源	shìwài táoyuán	13-3
身边	shēnbiān	11-1	事不宜迟	shì bù yí chí	6-1
身心	shēnxīn	13-3	室友	shìyǒu	9-1
神奇	shénqí	14-1	释放	shìfàng	1-3
神清气爽	shén qīng qì shuǎng	13-1	收藏	shōucáng	2-3
神情	shénqíng	7-1	收视率	shōushìlǜ	12-2
慎重	shènzhòng	5-3	收支	shōuzhī	5-1
升级	shēng jí	7-1	手段	shǒuduàn	2-3
升值	shēng zhí	5-3	售票	shòu piào	10-2
生活费	shēnghuófèi	2-1	舒畅	shūchàng	13-2
省钱	shěng qián	5-2	舒适	shūshì	11-2
省事	shěng shì	2-2	水源	shuǐyuán	4-3
盛行	shèngxíng	3-3	私家车	sījiāchē	15-1
剩下	shèngxia	15-2	思想	sīxiǎng	5-1
失败	shībài	12-3	四季如春	sìjì rú chūn	13-2
失望	shīwàng	2-2	似乎	sìhū	10-1
时代	shídài	1-3	松弛	sōngchí	13-2
时光	shíguāng	1-1	素	sù	11-2
时事	shíshì	2-2	素质	sùzhì	4-3
实惠	shíhuì	15-3	随身	suíshēn	4-3
实践	shíjiàn	11-3	随之而来	suí zhī ér lái	10-1

所在	suǒzài	8-3	投入	tóurù	1-2
	T		透露	tòulù	15-2
抬举	táiju	12-1	突破	tūpò	3-3
贪玩儿	tānwánr	4-3	途径	tújìng	5-2
探险	tàn xiǎn	4-1	团圆	tuányuán	10-1
趟	tàng	15-1	推出	tuīchū	7-3
逃避	táobì	2-2	推荐	tuījiàn	8-1
陶醉	táozuì	13-1	推拿	tuīná	8-1
特地	tèdì	6-2	驮	tuó	4-1
特色	tèsè	10-1		**W**	
特意	tèyì	1-3	外行	wàiháng	1-1
特征	tèzhēng	14-3	王国	wángguó	7-1
提倡	tíchàng	11-3	网页	wǎngyè	2-2
提起	tíqǐ	12-2	违反	wéifǎn	7-2
提升	tíshēng	15-3	尾气	wěiqì	7-1
提速	tí sù	15-3	未来	wèilái	7-2
提醒	tíxǐng	9-3	文物	wénwù	2-1
体力	tǐlì	4-1	问卷	wènjuàn	6-2
体谅	tǐliàng	9-2	窝	wō	2-3
天壤之别	tiān rǎng zhī bié	4-1	无奈	wúnài	15-1
挑战	tiǎozhàn	6-1	无穷	wúqióng	4-2
跳动	tiàodòng	14-2	无线	wúxiàn	15-2
同台	tóngtái	12-1	无与伦比	wú yǔ lún bǐ	13-2
童年	tóngnián	1-1	误解	wùjiě	4-1
偷偷	tōutōu	12-3	误区	wùqū	5-1

生词总表

	X		心意	xīnyì	1-1
吸引	xīyǐn	1-2	心脏	xīnzàng	14-2
稀客	xīkè	6-2	欣赏	xīnshǎng	7-2
系列	xìliè	7-3	薪水	xīnshui	3-3
系统	xìtǒng	8-3	形象	xíngxiàng	14-3
细节	xìjié	11-2	性别	xìngbié	9-1
细心	xìxīn	11-3	喧闹	xuānnào	13-3
狭义	xiáyì	14-3	选拔	xuǎnbá	12-3
先前	xiānqián	15-2	熏	xūn	13-2
鲜明	xiānmíng	14-3	寻	xún	10-2
闲言碎语	xián yán suì yǔ	9-3	询问	xúnwèn	8-3
现实	xiànshí	10-1	循环	xúnhuán	13-2
现状	xiànzhuàng	15-3	迅速	xùnsù	10-3
相遇	xiāngyù	4-1		**Y**	
享福	xiǎng fú	4-2	亚军	yàjūn	12-2
想不到	xiǎngbudào	3-1	严肃	yánsù	14-1
象征	xiàngzhēng	14-2	研发	yánfā	7-2
消费	xiāofèi	1-3	研究	yánjiū	13-2
销售	xiāoshòu	2-1	眼看	yǎnkàn	1-2
小人物	xiǎorénwù	12-1	演讲	yǎnjiǎng	11-1
小心眼儿	xiǎoxīnyǎnr	9-1	养	yǎng	8-1
小心翼翼	xiǎoxīn yìyì	7-1	腰酸背痛	yāo suān bèi tòng	8-1
携带	xiédài	4-3	邀请	yāoqǐng	1-3
心灵	xīnlíng	14-3	遥不可及	yáo bù kě jí	11-2
心满意足	xīn mǎn yì zú	4-2	要紧	yàojǐn	12-3

要么	yàome	8-1	有限	yǒuxiàn	11-1
野外	yěwài	4-1	有效	yǒuxiào	5-1
一番	yì fān	6-3	娱乐	yúlè	13-1
一举两得	yì jǔ liǎng dé	7-3	与众不同	yǔ zhòng bùtóng	6-2
一口气	yìkǒuqì	3-1	预约	yùyuē	8-2
一言为定	yì yán wéi dìng	8-1	元素	yuánsù	1-2
依赖	yīlài	2-2	原则	yuánzé	9-3
依然	yīrán	9-2	源于	yuányú	8-3
疑问	yíwèn	5-2	远离	yuǎnlí	2-2
议论	yìlùn	9-3	运输	yùnshū	10-3
异性	yìxìng	9-1	韵味	yùnwèi	14-3
意外险	yìwàixiǎn	5-3	乐队	yuèduì	12-3
意想不到	yìxiǎng búdào	15-1			
意愿	yìyuàn	2-1	**Z**		
饮食	yǐnshí	11-2	再者	zàizhě	15-3
隐私	yǐnsī	9-3	在场	zàichǎng	3-2
应对	yìngduì	6-3	赞成	zànchéng	11-1
应急	yìng jí	5-3	脏兮兮	zāngxīxī	9-2
英俊	yīngjùn	12-1	噪音	zàoyīn	15-2
拥堵	yōngdǔ	15-3	责任	zérèn	4-2
勇敢	yǒnggǎn	12-1	展示	zhǎnshì	12-1
用来	yònglái	15-3	掌声	zhǎngshēng	12-3
用途	yòngtú	5-1	账	zhàng	5-1
优美	yōuměi	14-3	账本	zhàngběn	5-1
游乐园	yóulèyuán	1-2	招聘	zhāopìn	6-1
			针灸	zhēnjiǔ	8-3

真挚	zhēnzhì	14-3		转	zhuàn	10-1
诊断	zhěnduàn	8-2		撞	zhuàng	2-1
正规	zhèngguī	8-2		琢磨	zuómo	6-1
证件	zhèngjiàn	10-3		咨询	zīxún	5-1
之类	zhīlèi	11-3		资源	zīyuán	7-2
支撑	zhīchēng	3-2		自惭形秽	zìcán-xínghuì	12-2
支配	zhīpèi	15-3		自给自足	zì jǐ zì zú	2-3
纸上谈兵	zhǐ shàng tán bīng	6-1		自欺欺人	zì qī qī rén	3-2
指南针	zhǐnánzhēn	4-3		自讨苦吃	zì tǎo kǔ chī	11-2
志同道合	zhì tóng dào hé	6-2		自相矛盾	zìxiāng máodùn	12-2
质量	zhìliàng	5-3		自学成才	zì xué chéng cái	12-1
中草药	zhōngcǎoyào	8-3		综合	zōnghé	13-3
中医	zhōngyī	8-1		总决赛	zǒngjuésài	12-2
忠贞	zhōngzhēn	14-2		总体	zǒngtǐ	6-3
终身	zhōngshēn	9-3		足够	zúgòu	9-3
众多	zhòngduō	1-2		族	zú	11-3
主流	zhǔliú	2-3		阻止	zǔzhǐ	14-2
主题	zhǔtí	3-2		最佳	zuì jiā	8-3
主体	zhǔtǐ	1-3		最终	zuìzhōng	12-2
注重	zhùzhòng	8-3		作为	zuòwéi	11-3
抓紧	zhuā jǐn	1-2		做生意	zuò shēngyi	6-1
专家	zhuānjiā	5-1				